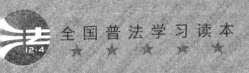

农村经济法律法规读本

增收保障法律法规学习读本

扶贫增收法律法规

李 勇 主编

汕头大学出版社

图书在版编目（CIP）数据

扶贫增收法律法规 / 李勇主编 . -- 汕头：汕头大学出版社（2021.7 重印）

（增收保障法律法规学习读本）

ISBN 978-7-5658-3204-8

Ⅰ. ①扶… Ⅱ. ①李… Ⅲ. ①扶贫-法律-中国-学习参考资料 Ⅳ. ①D922.44

中国版本图书馆 CIP 数据核字（2017）第 254828 号

扶贫增收法律法规　　FUPIN ZENGSHOU FALÜ FAGUI

主　　编：李　勇
责任编辑：邹　峰
责任技编：黄东生
封面设计：大华文苑
出版发行：汕头大学出版社
　　　　　广东省汕头市大学路 243 号汕头大学校园内　　邮政编码：515063
电　　话：0754-82904613
印　　刷：三河市南阳印刷有限公司
开　　本：690mm×960mm 1/16
印　　张：18
字　　数：226 千字
版　　次：2017 年 10 月第 1 版
印　　次：2021 年 7 月第 2 次印刷
定　　价：59.60 元（全 2 册）
ISBN 978-7-5658-3204-8

前　言

习近平总书记指出："推进全民守法，必须着力增强全民法治观念。要坚持把全民普法和守法作为依法治国的长期基础性工作，采取有力措施加强法制宣传教育。要坚持法治教育从娃娃抓起，把法治教育纳入国民教育体系和精神文明创建内容，由易到难、循序渐进不断增强青少年的规则意识。要健全公民和组织守法信用记录，完善守法诚信褒奖机制和违法失信行为惩戒机制，形成守法光荣、违法可耻的社会氛围，使遵法守法成为全体人民共同追求和自觉行动。"

中共中央、国务院曾经转发了中央宣传部、司法部关于在公民中开展法治宣传教育的规划，并发出通知，要求各地区各部门结合实际认真贯彻执行。通知指出，全民普法和守法是依法治国的长期基础性工作。深入开展法治宣传教育，是全面建成小康社会和新农村的重要保障。

普法规划指出：各地区各部门要根据实际需要，从不同群体的特点出发，因地制宜开展有特色的法治宣传教育坚持集中法治宣传教育与经常性法治宣传教育相结合，深化法律进机关、进乡村、进社区、进学校、进企业、进单位的"法律六进"主题活动，完善工作标准，建立长效机制。

特别是农业、农村和农民问题，始终是关系党和人民事业发展的全局性和根本性问题。党中央、国务院发布的《关于推进社会主义新农村建设的若干意见》中明确提出要"加强农村法制建设，深入开展农村普法教育，增强农民的法制观念，提高农民依法行使权利和履行义务的自觉性。"多年普法实践证明，普及法律知识，提高法制观念，增强全社会依法办事意识具有重要作用。特别是在广大农村进行普法教育，是提高全民法律素质的需要。

多年来，我国在农村实行的改革开放取得了极大成功，农村发生了翻天覆地的变化，广大农民生活水平大大得到了提高。但是，由于历史和社会等原因，现阶段我国一些地区农民文化素质还不高，不学法、不懂法、不守法现象虽然较原来有所改变，但仍有相当一部分群众的法制观念仍很淡化，不懂、不愿借助法律来保护自身权益，这就极易受到不法的侵害，或极易进行违法犯罪活动，严重阻碍了全面建成小康社会和新农村步伐。

为此，根据党和政府的指示精神以及普法规划，特别是根据广大农村农民的现状，在有关部门和专家的指导下，特别编辑了这套《全国普法学习读本》。主要包括了广大人民群众应知应懂、实际实用的法律法规。为了辅导学习，附录还收入了相应法律法规的条例准则、实施细则、解读解答、案例分析等；同时为了突出法律法规的实际实用特点，兼顾地方性和特殊性，附录还收入了部分某些地方性法律法规以及非法律法规的政策文件、管理制度、应用表格等内容，拓展了本书的知识范围，使法律法规更"接地气"，便于读者学习掌握和实际应用。

在众多法律法规中，我们通过甄别，淘汰了废止的，精选了最新的、权威的和全面的。但有部分法律法规有些条款不适应当下情况了，却没有颁布新的，我们又不能擅自改动，只得保留原有条款，但附录却有相应的补充修改意见或通知等。众多法律法规根据不同内容和受众特点，经过归类组合，优化配套。整套普法读本非常全面系统，具有很强的学习性、实用性和指导性，非常适合用于广大农村和城乡普法学习教育与实践指导。总之，是全国全民普法的良好读本。

目　录

国家扶贫资金管理办法

农民脱贫与增收最新政策

国家扶贫资金管理办法

国家扶贫资金管理办法

国务院办公厅关于印发《国家扶贫
资金管理办法》的通知

国办发〔1997〕24 号

根据《中共中央、国务院关于尽快解决农村贫困人口温饱问题的决定》（中发〔1996〕12 号）和《国务院关于印发国家八七扶贫攻坚计划的通知》（国发〔1994〕30 号）精神，为了切实加强对国家扶贫资金的管理，国务院扶贫开发领导小组拟订了《国家扶贫资金管理办法》，经国务院批准，现予印发，自 1997 年 8 月 1 日起施行。

1997 年 7 月 15 日

第一条 为了切实加强对国家扶贫资金的管理，提高扶贫资金使用效益，根据《中共中央、国务院关于尽快解决农村贫困人口温饱问题的决定》（中发〔1996〕12号）和《国务院关于印发国家八七扶贫攻坚计划的通知》（国发〔1994〕30号）精神，制定本办法。

第二条 国家扶贫资金是指中央为解决农村贫困人口温饱问题、支持贫困地区社会经济发展而专项安排的资金，包括：支援经济不发达地区发展资金、"三西"农业建设专项补助资金、新增财政扶贫资金、以工代赈资金和扶贫专项贷款。

第三条 国家各项扶贫资金应当根据扶贫攻坚的总体目标和要求，配套使用，形成合力，发挥整体效益。

第四条 国家各项扶贫资金必须全部用于国家重点扶持的贫困县，并以这些县中的贫困乡、村、户作为资金投放、项目实施和受益的对象。非贫困县中零星分散的贫困乡、村、户和省、自治区、直辖市确定的贫困县，由有关地方各级政府自行筹措安排资金进行扶持。

第五条 支援经济不发达地区发展资金和新增财政扶贫资金，重点用于改善贫困地区的农牧业生产条件，发展多种经营，修建乡村道路，普及义务教育和扫除文盲，开展农民实用技术培训，防治地方病等。

"三西"农业建设专项补助资金的管理使用，按照财政部制定的《"三西"农业建设专项补助资金使用管理办法》（财农字〔1995〕10号）执行。

以工代赈资金，重点用于修建县、乡公路（不含省道、国道）和为扶贫开发项目配套的道路，建设基本农田（含畜牧草场、果林地）、兴修农田水利，解决人畜饮水问题等。

扶贫专项贷款，重点支持有助于直接解决农村贫困人口温饱的种植业、养殖业和以当地农副产品为原料的加工业中效益好、有还贷能力的项目。

第六条 地方各级政府应当根据需要和可能，增加扶贫投入。省、自治区、直辖市向国家重点扶持贫困县投入的扶贫资金，根据本地区的经济发展水平和财政状况，应当达到占国家扶贫资金总量的30-50%。其中：陕西、甘肃、宁夏、青海、新疆、内蒙古、云南、贵州、四川、重庆、西藏、广西12个省、自治区、直辖市的地方配套资金比例应当达到30-40%；黑龙江、吉林、河北、河南、山西、湖北、湖南、江西、安徽、海南10个省的地方配套资金比例应当达到40-50%。

地方配套资金达不到前款规定比例的，中央将按比例调减下一年度向该省、自治区、直辖市投入的国家扶贫资金数额；调减下来的国家扶贫资金，将安排给达到规定比例的省、自治区、直辖市。

第七条 国家扶贫资金分配的基本依据是：省、自治区、直辖市本年度贫困人口数量和贫困程度、扶贫资金使用效益、地方配套资金落实比例。下一年度各项扶贫资金的安排，由财政部、国家计委、中国农业发展银行分别提出初步意见，经国务院扶贫开发领导小组办公室汇总平衡，提出统一的分配方案，报国务院扶贫开发领导小组审定并于年底一次通知到各省、自治区、直辖市人民政府。有关扶贫资金管理部门根据统一的分配方案，分别按照程序及时下达具体计划，拨付资金。

第八条 年度支援经济不发达地区发展资金、新增财政扶贫资金的具体计划，由财政部在当年3月底前下达，6月底前将资金全部拨付到省、自治区、直辖市。

年度以工代赈资金的具体计划,由国家计委、财政部在当年3月底前下达,6月底前将资金全部拨付到省、自治区、直辖市。

年度扶贫专项贷款的具体计划,由中国农业发展银行在当年初下达到省、自治区、直辖市分行,3月底前将计划全部落实到项目,并根据项目进度及时拨付资金。

第九条 国家下达的各项扶贫资金,全部由省、自治区、直辖市人民政府统一安排使用,由同级扶贫开发工作协调领导机构具体负责,组织各有关部门规划和实施项目,并督促各项资金及时、足额到位。国家重点扶持的贫困县,应当及早做好扶贫开发项目的前期准备工作,不得让资金等项目。

第十条 实施扶贫项目应当以贫困户为对象,以解决温饱为目标,以有助于直接提高贫困户收入的产业为主要内容,按照集中连片的贫困区域统一规划,统一评估,一次批准,分年实施,分期投入。使用扶贫专项贷款的项目,应当经有关银行事前审查论证。

县级扶贫开发办事机构应当在每年10月底前,按照当年扶贫贷款计划的150%提出下一年度扶贫贷款意向项目计划,提前为择优选项作好准备。

第十一条 建立综合考核指标,实行严格的扶贫贷款使用责任制。各省、自治区、直辖市扶贫开发工作协调领导机构每年统一安排下达盘活扶贫贷款存量计划,并将计划完成情况与新增扶贫贷款的分配挂钩。各级扶贫开发办事机构应当积极支持、协助有关银行完成核定的催收贷款最高比例和到期贷款回收率的指标,努力盘活贷款存量。盘活的扶贫贷款存量,由省、自治区、直辖市扶贫开发工作协调领导机构按照本办法第四条、

第五条的规定，统一安排使用。

第十二条　建立健全扶贫资金的检查、监督制度。中央和地方有关部门，尤其是扶贫资金管理部门，对扶贫资金的使用情况应当进行经常性检查。对扶贫资金不能按时到位，配套资金达不到规定比例，投向不符合规定的，应当及时纠正。同时，地方各级人民政府应当组织社会有关方面加强监督，把行政监督、群众监督、舆论监督结合起来。

第十三条　各级审计部门应当依照有关法律、法规，对扶贫资金的使用情况进行专门审计，并把对扶贫资金的审计作为一项重要内容，纳入日常工作，形成制度。凡转移、挪用、拖欠、挤占扶贫资金的，必须如数追回，并依法追究法律责任；凡贪污扶贫资金的，依法追究刑事责任。各级扶贫开发办事机构和扶贫资金管理部门应当积极配合审计部门对扶贫资金使用情况的审计工作。

第十四条　有关扶贫资金管理部门应当根据本办法确定的原则，分别制定具体管理办法。各省、自治区、直辖市可以根据本办法，结合当地实际情况，制定实施细则。

第十五条　本办法自 1997 年 8 月 1 日起施行。

中央财政专项扶贫资金管理办法

关于印发《中央财政专项扶贫资金管理办法》的通知

财农〔2017〕8 号

有关省、自治区、直辖市财政厅（局）、扶贫办、发展改革委、民（宗）委（厅、局）、农业厅（农垦管理部门）、林业厅（局），新疆生产建设兵团财务局、发展改革委、民宗局：

为贯彻落实《中共中央 国务院关于打赢脱贫攻坚战的决定》精神，进一步加强和规范中央财政专项扶贫资金使用与管理，促进提升资金使用效益，我们对《财政专项扶贫资金管理办法》（财农〔2011〕412号）进行了修订，制定了《中央财政专项扶贫资金管理办法》，现印发给你们，请遵照执行。

中华人民共和国财政部

国家发展改革委　国务院扶贫办

国家民委　农业部　林业局

2017年3月13日

第一章　总　则

第一条　为贯彻落实《中共中央 国务院关于打赢脱贫攻坚战的决定》（以下简称《决定》）和精准扶贫、精准脱贫基本方略，加强中央财政专项扶贫资金管理，提高资金使用效益，依据《中华人民共和国预算法》和国家有关扶贫开发方针政策等，制定本办法。

第二条　中央财政专项扶贫资金是中央财政通过一般公共预算安排的支持各省（自治区、直辖市，以下简称"各省"）以及新疆生产建设兵团（以下简称"新疆兵团"）主要用于精准扶贫、精准脱贫的资金。

第三条　中央财政专项扶贫资金应当围绕脱贫攻坚的总体

目标和要求，统筹整合使用，形成合力，发挥整体效益。中央财政专项扶贫资金的支出方向包括：扶贫发展、以工代赈、少数民族发展、"三西"农业建设、国有贫困农场扶贫、国有贫困林场扶贫。

第四条 坚持资金使用精准，在精准识别贫困人口的基础上，把资金使用与建档立卡结果相衔接，与脱贫成效相挂钩，切实使资金惠及贫困人口。

第二章　预算安排与资金分配

第五条 中央财政依据脱贫攻坚任务需要和财力情况，在年度预算中安排财政专项扶贫资金。

地方各级财政根据本地脱贫攻坚需要和财力情况，每年预算安排一定规模的财政专项扶贫资金，并切实加大投入规模，省级资金投入情况纳入中央财政专项扶贫资金绩效评价内容。

第六条 中央财政专项扶贫资金分配向西部地区（包括比照适用西部大开发政策的贫困地区）、贫困革命老区、贫困民族地区、贫困边疆地区和连片特困地区倾斜，使资金向脱贫攻坚主战场聚焦。

第七条 中央财政专项扶贫资金主要按照因素法进行分配。资金分配的因素主要包括贫困状况、政策任务和脱贫成效等。贫困状况主要考虑各省贫困人口规模及比例、贫困深度、农民人均纯收入、地方人均财力等反映贫困的客观指标，政策任务主要考虑国家扶贫开发政策、年度脱贫攻坚任务及贫困少数民族发展等工作任务。脱贫成效主要考虑扶贫开发工作成效考核结果、财政专项扶贫资金绩效评价结果、贫困县开展统筹整合使用财政涉农资金试点工作成效等。每年分配资金选择的因素和权重，可根据当年扶贫开发工作重点适当调整。

第三章 资金支出范围与下达

第八条 各省应按照国家扶贫开发政策要求，结合当地扶贫开发工作实际情况，围绕培育和壮大贫困地区特色产业、改善小型公益性生产生活设施条件、增强贫困人口自我发展能力和抵御风险能力等方面，因户施策、因地制宜确定中央财政专项扶贫资金使用范围。教育、科学、文化、卫生、医疗、社保等社会事业支出原则上从现有资金渠道安排。各地原通过中央财政专项扶贫资金用于上述社会事业事项（"雨露计划"中农村贫困家庭子女初中、高中毕业后接受中高等职业教育，对家庭给予扶贫助学补助的事项除外）的不再继续支出。

开展统筹整合使用财政涉农资金试点的贫困县，由县级按照贫困县开展统筹整合使用财政涉农资金试点工作有关文件要求，根据脱贫攻坚需求统筹安排中央财政专项扶贫资金。

第九条 各省可根据扶贫资金项目管理工作需要，从中央财政专项扶贫资金中，按最高不超过1%的比例据实列支项目管理费，并由县级安排使用，不足部分由地方财政解决。

项目管理费专门用于项目前期准备和实施、资金管理相关的经费开支。

第十条 中央财政专项扶贫资金（含项目管理费）不得用于下列各项支出：

（一）行政事业单位基本支出；

（二）交通工具及通讯设备；

（三）各种奖金、津贴和福利补助；

（四）弥补企业亏损；

（五）修建楼堂馆所及贫困农场、林场棚户改造以外的职工住宅；

（六）弥补预算支出缺口和偿还债务；

（七）大中型基本建设项目；

（八）城市基础设施建设和城市扶贫；

（九）其他与脱贫攻坚无关的支出。

第十一条 中央财政专项扶贫资金项目审批权限下放到县级。强化地方对中央财政专项扶贫资金的管理责任。各省要充分发挥中央财政专项扶贫资金的引导作用，以脱贫成效为导向，以脱贫攻坚规划为引领，统筹整合使用相关财政涉农资金，提高资金使用精准度和效益。

第十二条 各省要创新资金使用机制。探索推广政府和社会资本合作、政府购买服务、资产收益扶贫等机制，撬动更多金融资本、社会帮扶资金参与脱贫攻坚。

第十三条 财政部在国务院扶贫开发领导小组批准年度资金分配方案后，及时将中央财政专项扶贫资金预算下达各省财政厅（局），并抄送财政部驻当地财政监察专员办事处（以下简称"专员办"）。

根据预算管理有关要求，财政部按当年预计执行数的一定比例，将下一年度中央财政专项扶贫资金预计数提前下达各省财政厅（局），并抄送当地专员办。

安排新疆兵团的财政专项扶贫资金，按照新疆兵团预算管理有关规定管理。

第十四条　各地应当加快预算执行，提高资金使用效益。结转结余的中央财政专项扶贫资金，按照财政部关于结转结余资金管理的相关规定管理。

第十五条　中央财政专项扶贫资金的支付管理，按照财政国库管理有关规定执行。属于政府采购、招投标管理范围的，执行相关法律、法规及制度规定。

第四章　资金管理与监督

第十六条　与中央财政专项扶贫资金使用管理相关的各部门根据以下职责分工履行中央财政专项扶贫资金使用管理职责。

（一）扶贫办、发展改革委、国家民委、农业部、林业局等部门分别商财政部拟定中央财政专项扶贫资金各支出方向资金的分配方案。扶贫办商财政部汇总平衡提出统一分配方案，上报国务院扶贫开发领导小组审定。由国务院扶贫开发领导小组通知各省人民政府。财政部根据审定的分配方案下达资金。

（二）各级财政部门负责预算安排和资金下达，加强资金监管。

（三）各级扶贫、发展改革、民族、农业（农垦管理）、林业等部门负责资金和项目具体使用管理、绩效评价、监督检查等工作，按照权责对等原则落实监管责任。

（四）安排新疆兵团的中央财政专项扶贫资金规模由财政部确定，新疆兵团财务、扶贫部门负责使用管理与监督检查

第十七条　各地应当加强资金和项目管理，做到资金到项目、管理到项目、核算到项目、责任到项目，并落实绩效管理

各项要求。

第十八条 全面推行公开公示制度。推进政务公开，资金政策文件、管理制度、资金分配结果等信息及时向社会公开，接受社会监督。

第十九条 中央财政专项扶贫资金使用管理实行绩效评价制度。绩效评价结果以适当形式公布，并作为中央财政专项扶贫资金分配的重要因素。绩效评价年度具体实施方案由财政部、扶贫办制定。

第二十条 各级财政、扶贫、发展改革、民族、农业（农垦管理）、林业等部门要配合审计、纪检监察、检察机关做好资金和项目的审计、检查等工作。各地专员办按照工作职责和财政部要求对中央财政专项扶贫资金进行全面监管，定期或不定期形成监管报告报送财政部，根据财政部计划安排开展监督检查。各级扶贫、发展改革、民族、农业（农垦管理）、林业等部门要配合专员办做好有关工作。

创新监管方式，探索建立协同监管机制，逐步实现监管口径和政策尺度的一致，建立信息共享和成果互认机制，提高监管效率。

第二十一条 各级财政、扶贫、发展改革、民族、农业（农垦管理）和林业等部门及其工作人员在中央财政专项扶贫资金分配、使用管理等工作中，存在违反本办法规定，以及滥用职权、玩忽职守、徇私舞弊等违法违纪行为的，按照《中华人民共和国预算法》、《公务员法》、《行政监察法》、《财政违法行为处罚处分条例》等国家有关规定追究相应责任；涉嫌犯罪的，移送司法机关处理。

第五章 附 则

第二十二条 各省根据本办法，结合本省的实际情况制定具体实施办法，报送财政部、扶贫办备案，并抄送财政部驻本省专员办。

第二十三条 本办法自 2017 年 3 月 31 日起施行。《财政部 发展改革委 国务院扶贫办关于印发〈财政专项扶贫资金管理办法〉的通知》（财农〔2011〕412 号）同时废止。《财政部 国家民委关于印发〈少数民族发展资金管理办法〉的通知》（财农〔2006〕18 号）、《财政部 农业部关于印发〈国有贫困农场财政扶贫资金管理暂行办法〉的通知》（财农〔2007〕347 号）、《财政部 国家林业局关于印发〈国有贫困林场扶贫资金管理办法〉的通知》（财农〔2005〕104 号）、《财政部 国务院扶贫办关于印发〈"三西"农业建设专项补助资金使用管理办法（修订稿）〉的通知》（财农〔2006〕356 号）中有关规定与本办法不符的，执行本办法。

第二十四条 本办法由财政部会同扶贫办负责解释。

附　录

机械工业部扶贫资金管理办法

机械办〔1998〕99 号

（1998 年 1 月 13 日机械工业部发布）

为有效发挥扶贫资金的作用，进一步加大部扶贫工作力度，更好地完成部扶贫攻坚任务，特设立机械工业部扶贫基金，并制订本办法。

一、基金来源

部系统职工每年捐助的扶贫资金；有关部门、企事业单位捐助的扶贫款项；国外捐款。

二、管理办法

（一）管理机构：

由部扶贫工作领导小组管理扶贫基金，基金管理工作机构设在部扶贫办。

（二）日常管理：

1. 在部机关财务处设立专项资金帐号，指定专人负责帐目管理；

2. 基金管理工作机构负责与财务处定期联系，每半年向部扶贫工作领导小组公布一次使用情况；每年底向部扶贫工作领导小组领导和部领导汇报全年使用情况。

（三）使用范围：

1. 主要用于部对口扶贫地区支持的项目（如为希望小学捐款、为支持的一些龙头企业或项目临时借用部分周转金等）；

2. 除部对口扶贫以外的国家需用的扶贫项目；

3. 与部扶贫工作和部对口扶贫直接有关的项目。

（四）使用原则：

使用基金利息，不动用本金。

（五）使用程序：

由部扶贫基金管理工作机构提出立项申请

1. 日常一万元以下的正常开支由部扶贫工作领导小组正、副组长签字后使用；

2. 一万元以上的较大款项，由部扶贫工作领导小组集体讨论确定后，经部扶贫工作领导小组组长签字后方可支付。

（六）有关纪律：

部扶贫工作领导小组要对部扶贫基金实行严格管理，任何个人或单位不得擅自挪为他用，有违反者要追究其责任，并视情节予以处理。

本办法自 1998 年 1 月起执行。

国有贫困林场扶贫资金管理办法

财政部 国家林业局关于印发《国有贫困林场
扶贫资金管理办法》的通知
财农〔2005〕104 号

各省、自治区、直辖市财政厅（局）、林业厅（局）：

国有贫困林场扶贫资金是财政扶贫资金的组成部分。此项资金自 1998 年设立以来，对促进国有贫困林场的扶贫开发工作起到了积极作用。此项资金原列国家林业局部门预算，从 2004 年起，改列中央财政补助地方专款。为了适应资金预算管理的变化，进一步加强资金的管理，财政部、国家林业局共同制定了《国有贫困林场扶贫资金管理办法》，现印发给你们，请遵照执行。执行中有何问题请及时反馈财政部、国家林业局。

2005 年 7 月 4 日

第一条 国有贫困林场扶贫资金（以下简称林场扶贫资金）是中央财政预算安排用于支持国有贫困林场（以下简称贫困林场）扶贫开发的专项补助资金，是中央财政扶贫资金的组成部分。为加强此项资金的使用和管理，提高资金的使用效益，根据财政扶贫资金使用管理要求，制定本办法。

第二条 贫困林场是指亏损或微利、生产生活设施条件差，以培育和保护生态公益林为主要任务的国有林场。贫困林场的具体标准由各省（自治区、直辖市）林业主管部门会同财政部门共同确定。

第三条 林场扶贫资金主要用于支持贫困林场改善生产生活条件，利用林场或当地资源发展生产。补助内容主要包括：

（一）基础设施建设：用于修建断头路、林场和职工危旧房改造、解决饮水安全、通电通话、电视接收设施等。

（二）生产发展：用于发展种植业、养殖业、森林旅游业、林产品加工业及林副产品开发等。

（三）科技推广及培训：用于优良品种、先进实用技术的引进和推广、职工技能培训。

第四条 林场扶贫资金不得用于下列支出：

（一）机构、人员经费；

（二）各种奖金、津贴和福利补助；

（三）弥补经营性亏损；

（四）修建楼堂馆所；

（五）大中型基建项目；

（六）小轿车、手机等交通工具及通讯设备；

（七）其他与本办法第三条使用规定不相符的支出。

第五条 省（自治区、直辖市）林业主管部门应会同财政部门立足国有林场改革与发展要求，按照统筹兼顾、突出重点、科学论证的原则编制本省（自治区、直辖市）国有贫困林场扶贫开发规划。

第六条 国家林业局会同财政部根据年度贫困林场扶贫重点、各省（自治区、直辖市）贫困林场状况及上年度林场扶贫资金使用管理情况，确定每年补助给各省（自治区、直辖市）

的林场扶贫资金额度，由财政部下达资金，同时抄送国家林业局和省级林业主管部门。

第七条　林场扶贫资金实行省级项目管理。贫困林场申请林场扶贫资金补助，需编制项目文本，并按隶属关系逐级上报到省级林业主管部门。

第八条　各省（自治区、直辖市）林业主管部门根据中央财政补助的林场扶贫资金额度，会同财政部门共同审核确定本省（自治区、直辖市）的年度林场扶贫资金项目及补助金额。各省（自治区、直辖市）林场扶贫资金项目应在收到财政部下达的年度林场扶贫资金文件后一个月之内确定并及时下拨资金。

第九条　各省（自治区、直辖市）财政部门会同林业主管部门根据实际需要可在林场扶贫资金总额中按不高于1.5%的比例提取项目管理费，用于贫困林场编报项目、省级林业主管部门和财政部门进行项目评估论证、检查验收、信息公开等方面支出。省级以下林业主管部门、财政部门和贫困林场不得再从林场扶贫资金中提取有关管理费用。

第十条　林场扶贫资金纳入国库集中支付范围的，执行国库集中支付的有关规定。

第十一条　林场扶贫资金下达到各省（自治区、直辖市）后，要纳入各省（自治区、直辖市）财政国库统一管理，分账核算。林场扶贫资金实行报账制，执行各省（自治区、直辖市）制定的财政扶贫资金报账制管理办法。

第十二条　林业主管部门和项目实施单位应加强项目管理，实行项目法人负责制，有条件的实行监理制。凡属于政府采购的支出，按有关规定实行政府采购。

第十三条 各省（自治区、直辖市）林业主管部门和财政部门负责组织对贫困林场实施的林场扶贫资金项目进行竣工验收。

第十四条 各省（自治区、直辖市）林业主管部门商财政部门同意后，将上一个年度的林场扶贫资金使用情况于当年的 2 月底前上报到国家林业局，国家林业局汇总后将全国林场扶贫资金使用情况于 3 月底前报送财政部。

第十五条 各级财政部门和林业主管部门应加强对林场扶贫资金的监督检查。国家林业局和财政部根据各省（自治区、直辖市）报送的林场扶贫资金备案材料进行抽查。

第十六条 对截留、挪用、骗取林场扶贫资金的单位和个人，按照国家有关规定处理。

第十七条 财政部和国家林业局对违反本办法第三、四条规定，或检查验收不合格以及未按规定上报资金使用情况总结和项目备案材料的省（自治区、直辖市），将调减直至取消下年度分配该省（自治区、直辖市）的林场扶贫资金。

第十八条 各省（自治区、直辖市）财政部门和林业主管部门应根据本办法，结合本省（自治区、直辖市）贫困林场扶贫开发工作的实际情况，制定具体实施办法。

第十九条 各省（自治区、直辖市）财政部门和林业主管部门制定的本省（自治区、直辖市）贫困林场扶贫开发规划、林场扶贫资金管理的具体实施办法要上报财政部和国家林业局备案。各省（自治区、直辖市）林业主管部门和财政部门确定的年度林场扶贫资金项目情况要及时上报财政部和国家林业局。

第二十条 本办法自发布之日起施行。《贫困国有林场扶贫资金管理办法》（林财字〔1998〕29 号）同时废止。

中国农业发展银行扶贫
贷款管理暂行办法

中国农业发展银行关于印发《中国农业发展银行
扶贫贷款管理暂行办法》的通知

中国农业发展银行各省、自治区、直辖市分行，各计划单列市分行：

为认真贯彻中央扶贫开发工作会议精神，进一步做好扶贫开发信贷工作，现将《中国农业发展银行扶贫贷款管理暂行办法》印发给你们。原农发行字〔1996〕66号《中国农业发展银行扶贫贷款管理试行办法》同时废止。新办法执行中有什么问题和意见，请及时报告总行。

中国农业发展银行

1996 年 11 月 26 日

第一章 总 则

第一条 国务院决定，扶贫贷款由中国农业发展银行统一管理。为管好用好扶贫贷款，提高扶贫效益，根据《国家八七扶贫攻坚计划》和中国农业发展银行章程，参照《贷款通则》，特制定本办法。

第二条 贷款性质。扶贫贷款是为了实施扶贫攻坚战略而设置的政策性贷款，专项用于支持解决农村贫困人口的温饱问题，是有偿有息信贷资金。

第三条 贷款原则。扶贫贷款坚持"突出重点，兼顾一般"、"到村到户，效益到户"、"择优选择，自主审批"、"有借有还、到期收回"等基本原则，依法管理，确保扶贫贷款周转、安全和效益。

第四条 贷款方针。扶贫贷款坚持开发式扶贫方针，实行项目管理，按照国家产业政策，因地制宜，优化贷款结构，提高信贷资金使用效益，把贫困地区的资源优势转化为经济优势，实现信贷资金的良性循环。

第二章　贷款范围和用途

第五条 贷款范围。扶贫贷款投放范围是列入《国家八七扶贫攻坚计划》的贫困县。

第六条 贷款用途。扶贫贷款主要用于：

（一）重点支持投资少、见效快、覆盖面广、效益高，有助于直接解决群众温饱的种植业、养殖业和相关的加工服务业。

（二）支持发展能充分发挥贫困地区资源优势、大量安排贫困户劳动力就业的资源开发型和劳动密集型的各类企业。

（三）支持加快荒地、荒山、荒坡、荒滩、荒水的开发利用，建设适度规模的农林牧渔商品生产基地及支柱产业。

（四）适度支持极少数生存和发展条件特别困难的村庄和农户，实行开发式移民。

第三章　贷款对象与条件

第七条 贷款对象

（一）列入扶贫开发规划的贫困户。

（二）贫困乡村合作经济组织。

（三）承担扶贫开发任务的各类经济实体和服务组织。

第八条　贷款基本条件

（一）生产经营项目列入扶贫开发计划，扶贫任务明确，措施具体，产品符合社会需要，预测经济效益可靠。

（二）项目权属清晰，承贷主体明确，债务落实。

（三）贫困户要有独立的生产经营能力，有健全的经济活动和收支记载。

（四）以种养业产品为原料的加工业和直接解决贫困户温饱的经济实体扶贫项目，要有符合规定比例的资本金和符合抵押、担保贷款条件的抵押物、担保人，以及应参加的财产保险。

（五）贷款企业必须有工商行政部门颁发的营业执照或筹建许可证；在经办行开立基本帐户，并向经办行报送经营计划和财务报表。

（六）贷款对象必须接受银行的信贷监督，恪守信用，保证按期归还贷款。

第四章　贷款种类、期限和利率

第九条　贷款种类。扶贫贷款分扶贫贴息贷款和扶贫非贴息贷款两种。其中，扶贫贴息贷款全部用于贫困户以及覆盖贫困户面广、收益率较低的种养业和贫困乡村办企业。扶贫非贴息贷款，重点用于周期短、收益率较高的产业和项目。

第十条　贷款期限。

贷款期限根据贷款项目的生产经营周期和借款者综合还款能力合理确定，宜长则长，宜短则短。五年期以上的贷款，宽限期为二至三年。

第十一条 贷款延期。

（一）不能按期归还贷款的，借款人和借款企业应当提前向经办行申请贷款延期，经批准延期的贷款在延期内不加罚利息。担保贷款、抵押贷款延期还应当由保证人、抵押人出具同意的书面证明。

（二）一年以下贷款，贷款延期不得超过原贷款期限；一至五年期贷款，贷款延期不得超过原贷款期限的一半；五年期以上贷款，贷款延期不得超过三年。

第十二条 贷款利率。扶贫贷款严格执行国家利率政策和规定，利率不上浮，除违约违规外，不加息，不罚息。企业贷款，实行按季收息；贫困户贷款，实行按年收息。

第十三条 贷款贴息。扶贫贷款贴息方式有三种：中央财政贴息、地方财政贴息和部门贴息。

（一）中央财政贴息贷款的贴息，实行统收统支的办法，即由总行与财政部统一结算后，再与各省（区、市）分行结算。

（二）地方财政贴息贷款的利息贴补办法由各省（区、市）分行与地方财政部门商定。

（三）部门贴息，由主管部门将应贴补的贷款利息直接贴给借款人。

第五章　办理贷款基本程序

第十四条 办理扶贫贷款必须遵循以下基本程序：

（一）受理借款申请。经办行受理借款单位或贫困户提出的借款申请后，要对所报贷款项目进行初审，并签署审查意见逐级上报。

（二）贷款评估。经初审同意的项目报上级行列入计划。经办行组织对新上项目进行评估，并写出评估报告；续建项目、流动资金贷款和贫困户贷款要写出调查报告，上报上级行。

（三）贷款审批。审批行对经过评估的项目，按照贷款条件进行审查、决策，并履行审批手续。总行只负责审批权限内的项目，其他项目授权省（区、市）分行审批，报总行备案。

（四）签定借款合同。对已经审查批准的贷款，借贷双方按照《借款合同条例》和有关规定签定书面借款合同，办理借款手续，按生产进度适时发放贷款。

（五）建立贷款登记簿。经办行在贷款业务发生后，要逐户建立贷款登记簿，记载、反映贷款发放、收回、占用形态、资产、负债及所有者权益等内容。

（六）贷款监督检查。贷款放出后，对借款人借款合同的执行情况、贷款使用效益进行跟踪监督检查，对违反政策和违约行为要及时纠正处理。

（七）按期收回贷款。要坚持按照借贷双方商定的贷款期限收回贷款。贷款到期前，书面通知借款人准备归还借款本息。借款人因正当理由不能如期偿还贷款，可以在到期前申请延期归还，经银行审查同意后，银行可以按照新约定的期限收回。

（八）经济活动分析。经营扶贫贷款业务要注重经济活动分析，掌握扶贫贷款运用状况和影响正常运转的因素，研究改善贷款管理和提高贷款经济效益的政策与措施。

（九）总结报告。要经常地或定期地总结贷款管理工作经验，并向上级行报告。要在项目建成和收回全部固定资产贷款后，按项目分别进行竣工总结和项目总结。

第六章　贷款管理

第十五条　计划管理。扶贫贷款计划（含收回再贷计划）实行指令性计划管理，采取自下而上编报、自上而下审批下达方式。年初总行一次下达。扶贫贷款计划不搞基数化，根据有关考核指标一年一定。编制扶贫贷款计划的依据：

（一）国定贫困县、贫困人口的数量及贫困程度；

（二）扶贫贷款计划执行情况和贷款管理、效益水平；

（三）申报的贷款项目计划和财政资金配套情况。

第十六条　项目管理。扶贫贷款实行项目管理。要做好贷款项目选定、评估、执行监测和总结评价工作，并建立项目备选库。各级行申请扶贫贷款的项目计划，要正式行文上报，内容包括：计划说明、项目分类、效益分析、市场预测等。每年年末之前各省（区、市）分行上报到总行。

第十七条　限额管理。要根据项目贷款风险度、自有资金比例以及资产负债率等，合理确定借款人的贷款限额，具体由各省（区、市）分行自定。

第十八条　合同管理。

（一）扶贫贷款要按照国家发布的《经济合同法》、《借款合同条例》和有关金融法规，由借贷双方签定书面借款合同，依法管理。

（二）借款合同必须符合法律程序，明确借贷双方权利义务，手续完备，依法成立。

（三）依法业经收回的贷款，任何单位和个人不得追索。

第十九条 核算管理。

（一）各项扶贫贷款要准确记入总行规定的会计科目。各分行根据核算管理的需要，设立有关二级科目。

（二）各行要建立季报制度，按总行颁发的统计报表，准确及时反映扶贫贷款进度和执行效果。

（三）收回再贷的扶贫贷款要在总行规定的扶贫贷款有关科目中记载核算和反映。

第二十条 存量管理。各级行要及时收回到期贷款，收回的到期贷款由省（区、市）分行集中掌握，并继续用于国定贫困县。

第二十一条 风险管理。按照预防为主、努力转化、及时补偿的原则，各级行要建立风险防范和补偿机制，建立信贷岗位责任制、贷款审贷分离制，提高贷款决策水平，降低贷款风险；要建立贷款质量监测报告制度，及时按规定提取呆帐准备金。

第二十二条 档案管理。各级行都要建立健全扶贫贷款经济档案和项目档案。档案按项目分别设立备选库、执行库、资料库，记载借款人的基本情况、生产经营情况、贷款发放、信贷制裁、贷款检查及经济活动分析等情况。

第二十三条 审批权限。建立贷款的分级审批制度。贫困户贷款由经办行直接审批，加工业贷款和企业贷款要根据贷款项目风险度、贷款用途、管理水平以及自有资金比例确定各级行的贷款审批权限。在审批权限以上的贷款，必须报上级行审批。

第七章　贷款监督与奖惩

第二十四条　建立扶贫贷款使用管理的约束和激励机制。投放要与使用效益、贷款的回收挂钩。对贷款使用效益好、回收率高的地区，要给予表彰和奖励；反之，要扣减下年度贷款计划。

第二十五条　建立严格的扶贫贷款年度审计制度，严禁挤占、挪用、截留扶贫贷款，不准贷前扣息，不准从贷款中预收风险保证金，不准以新贷抵旧贷，违者要追究有关领导和当事人的责任。

第二十六条　对贷款对象实行信贷监督。主要监督下列内容：

（一）在贷款使用上是否执行国家的扶贫政策；

（二）是否履行借款合同；

（三）是否遵守信贷政策和规章。

对借款人和借款企业挤占、挪用、截留扶贫贷款的，要依据情况给予下列信贷制裁：

（一）加息或罚息；

（二）停止新贷款；

（三）扣收贷款或提前收回贷款。

对一个贷款对象可同时适用两种以上的信贷制裁。

第二十七条　贷款内部监督。主要监督下列内容：

（一）执行国家八七扶贫攻坚计划；

（二）执行贷款管理规章；

（三）贷款的社会效益、经济效益、安全保障和周转运用。

贷款内部监督的主要方式为：行长和上级行贷款管理机构，对下级行、基层营业单位和贷款管理人员的贷款管理进行监督。同时，下级行、基层营业单位和贷款管理人员，对上级行和贷款管理机构的贷款决策进行监督。

第八章 附 则

第二十八条 本办法由中国农业发展银行总行制订、解释和修改。

第二十九条 各省（区、市）分行可根据本办法制定实施细则，并报总行备案。

第三十条 本办法自公布之日起实行。

注：宽限期——所谓宽限期就是在这期间内只付息不还本。确言之，系指银行规定的借款人开始第一次还款的最低期限，该期限不是贷款期限的延长或附加，而是小于或至多等于贷款期限。如某借款人向银行借得贷款 100 万元，银行定的贷款期限为五年，宽限期二年，即该借款人从第三年起，按一定比例或数额开始归还贷款，直到第五年要全部还清 100 万元贷款的本金和利息。采用宽限期做法，这是国际惯例，目的是为了减轻借款人在贷款到期时一次性还清全部贷款的压力。

中国农业银行扶贫基础工程
试验项目贷款管理暂行办法

中国农业银行关于印发《中国农业银行扶贫
基础工程试验项目贷款管理暂行办法》的通知
农银函〔1998〕654号

四川、甘肃、山西省分行：

为贯彻落实国务院《研究试办国家长期优惠贷款扶贫与开拓中西部农村市场搞活国有企业的会议纪要》（国阅〔1997〕65号）和中国人民银行《关于试办国家扶贫基础工程试验项目贷款的通知》（银发〔1998〕219号）精神，做好扶贫基础工程试验项目贷款管理工作，总行制定了《中国农业银行扶贫基础工程试验项目贷款管理暂行办法》，现印发你行遵照执行。执行中有什么情况和问题，请及时报告总行（信贷管理三部）。

1998年9月24日

第一章 总 则

第一条 根据国务院国阅〔1997〕65号会议纪要、中国人民银行《关于试办国家扶贫基础工程试验项目贷款的通知》和《贷款通则》、《中国农业银行贷款管理制度》等有关文件和金融法规，为管好用好扶贫基础工程试验项目贷款（以下简称扶贫基础工程贷款），提高贷款使用效益，特制定本办法。

第二条 扶贫基础工程贷款以加强农田基本建设、改善农业生产条件为目标，加大对贫困地区的扶贫力度和开拓农村市场，同时为国有企业实行生产结构调整创造宽松的环境。

第三条 扶贫基础工程贷款计划共 5 亿元，实行财政贴息政策，在财政贴息资金能保证及时足额到位的前提下，中国农业银行根据项目进展情况，适时发放贷款。

第四条 扶贫基础工程贷款是有偿有息的信贷资金，要坚持统一规划，成片开发，择优选项，扶贫到户；借款人自愿申请，银行自主审批；有借有还，到期归还；专款专用，严禁挤占挪用等项原则发放、使用和管理，以确保贷款的安全、周转和效益。

第二章　贷款范围与用途

第五条 扶贫基础工程贷款的范围为国家确定的四川省苍溪县、旺苍县，甘肃省会宁县、定西县和山西省柳林县。

第六条 扶贫基础工程贷款主要支持贫困农户增加人均占有耕地和梯田的面积，支持贫困地区发展节水型、技术型农业，实现稳产增产，增加贫困农户收入。贷款具体用途：

一、基本农田建设和集雨节灌工程；

二、种植业、林果业和暖棚蔬菜种植及其产业建设；

三、添置必要的农机具、原材料；

四、为改善农业基础条件提供产前、产中、产后服务的项目。

第三章　贷款对象、条件和方式

第七条 扶贫基础工程贷款的对象是：列入国家扶贫基础

工程试验项目规划的乡、村合作经济组织、"龙头"企业和贫困户。要保证70%-90%的贷款直接扶贫到户。

第八条 扶贫基础工程贷款必须坚持以下基本条件：

一、贷款项目必须符合国家产业政策和扶贫政策，必须列入国家扶贫基础工程试验项目规划，并列入当地农田基本建设工程规划和扶贫开发计划，工程措施具体，扶贫任务明确。

二、贷款项目要充分利用当地资源优势，生产适销对路的产品，具有较好的经济效益，并带动周边地区农民解决温饱和脱贫致富。

三、项目所需原材料、农用物资和农机具必须按照质量可靠、价格合理的原则优先向国有企业采购。

四、承贷的贫困户必须具有独立的生产经营能力和按期偿还贷款本息的能力。承贷的乡、村合作经济组织、"龙头"企业必须有工商行政管理部门颁发的营业执照或筹建许可证，项目资本金必须不低于总投资的20%，并在中国农业银行开立基本账户，接受银行监督。

第九条 对乡、村合作经济组织、"龙头"企业实行担保贷款方式。对贫困户3000元以下的贷款，不强求自有资金和抵押、担保，可视信用状况和还贷能力发放信用贷款。

第四章 贷款期限、利率和贴息

第十条 扶贫基础工程贷款的期限根据项目生产经营周期和借款人的综合还贷能力合理确定，一般5年，最长不超过10年。

第十一条　扶贫基础工程贷款执行中国人民银行规定的利率政策。贷款利率比照 1 年期再贷款利率执行（现行中国人民银行 1 年期再贷款利率为 5.67%）。如遇利率调整，按中国人民银行有关规定执行。项目贷款按季结息，贫困户贷款可实行半年或按年结息。

第十二条　扶贫基础工程贷款期限低于 5 年（含 5 年）的，贷款利息由项目县所在的省财政按季全额支付给中国农业银行省级分行，并于季末次月 10 日前支付；贷款期限超过 5 年的，5 年以后的贷款利息借款人按一般扶贫贷款利率付息，省财政按照中国人民银行规定的再贷款利率与一般扶贫贷款利率的差额按季给予贴息。对贴息资金不到位的，中国农业银行有权停止发放贷款。

第五章　贷款程序

第十三条　借款申请。项目区扶贫基础工程主办单位要向经办行提供不低于当年计划贷款额度 1.2-1.5 倍的详细项目清单，并经项目区扶贫开发领导小组批准立项后推荐给经办行。纳入规划和立项范围内的借款人，必须在自愿的基础上，向经办行提出书面借款申请，并报送有关材料。

第十四条　贷款调查。经办行受理借款人申请后，信贷部门要及时对贷款项目进行调查评估，提出调查、评估意见，连同借款申请书、借款人提供的有关材料，形成贷款项目报批材料。

第十五条　上报项目计划。经办行在调查、评估以后，对拟予支持的项目按产业和区域分大项汇总上报省分行，省分行根据项目情况审批下达项目贷款计划，在省分行尚未下达项目计划和贷款计划前，经办行不得发放贷款。省分行要将审批下达的贷款项目计划报总行备案。

第十六条 贷款审批。上级行下达贷款项目计划和信贷计划后，经办行对贷款项目要及时组织实施。实施每个项目都必须履行审批程序。到户贷款可由经办行贷款审查委员会审查，行长决策；乡、村合作经济组织和"龙头"企业贷款，要建立分级审批权限制度，按权限审查审批。

第十七条 贷款发放。对已经审批的贷款，借款双方按照《借款合同条例》有关规定签订书面借款合同，办理贷款手续，填写借款借据，并根据项目规划和借款人工程进度发放贷款。对修建塘、库、堰、渠等基础设施项目的贷款可采取"分贷伙用分还"的办法，即分户承贷承还、集中使用。

第十八条 贷款审查。信贷人员每半年要对借款人贷款使用进行贷后检查。检查内容主要为项目进展、资金使用效益及还本付息等情况，发现问题要及时解决，以保证专项贷款使用效益。

第十九条 贷款收回。经办行要加强贷款风险管理，按期收回贷款本息。借款人因正当理由不能如期偿还贷款，可在贷款到期前 15 天内向开户行提出展期申请，经经办行审查同意，可按规定办理展期。

第二十条 总结评价。项目终结时，经办行要对贷款项目执行情况进行全面评价，参与项目主管部门组织竣工验收，写出书面的项目总结报告，报上级行。

第六章 贷款管理与监督

第二十一条 苍溪、旺苍、会宁、定西、柳林每个县安排扶贫基础工程贷款计划各 1 亿元，各县可根据项目规划和工程进度在 2-4 年内实现全部计划。当年贷款计划未用完可结转下年继续使用。

第二十二条　扶贫基础工程贷款资金由中国农业银行总行向中国人民银行总行申请再贷款。

第二十三条　扶贫基础工程贷款纳入"四专"管理，在"244-扶贫贷款"科目中设置二级科目反映，进行专项核算。

第二十四条　扶贫基础工程贷款要建立统计分析制度，定期向总行报送规定的统计报表，准确、及时反映此项扶贫贷款进度和执行效果。

第二十五条　扶贫基础工程贷款要建立健全经济档案。档案按项目分别设立有关内容，记载借款人的基本情况、生产经营情况，登记贷款发放、收回，记载有关信贷制裁、贷款检查及经济活动分析、各年度借款人的重大事项等情况。

第二十六条　对扶贫基础工程贷款要严格稽核检查制度，切实加强监督。经办行每年要对该项贷款的发放、使用、收回、检查情况进行总结，并写出专项总结报告上报总行，并有针对性地提出建议和对策。在分项目建成和全部贷款收回后，经办行要分项目分别进行项目的竣工总结和项目总结，并形成书面报告上报总行。

第二十七条　对借款人挤占、挪用、截留此项贷款的，依据情况给予下列信贷制裁：

一、加息或罚息；

二、停止项目新贷款；

三、扣收贷款或提前收回贷款；

四、依法清收贷款本息。对一个借款人可同时适用两种以上的信贷制裁。

第七章 附 则

第二十八条 本办法由中国农业银行总行制定、解释和修订。

第二十九条 四川、甘肃、山西省分行可根据本办法制定实施细则，并报总行备案。

第三十条 本办法自颁布之日起执行。

农民脱贫与增收最新政策

中共中央 国务院关于打赢
脱贫攻坚战的决定

（2015 年 11 月 29 日中共中央、国务院发布）

确保到 2020 年农村贫困人口实现脱贫，是全面建成小康社会最艰巨的任务。现就打赢脱贫攻坚战作出如下决定。

一、增强打赢脱贫攻坚战的使命感紧迫感

消除贫困、改善民生、逐步实现共同富裕，是社会主义的本质要求，是我们党的重要使命。改革开放以来，我们实施大规模扶贫开发，使 7 亿农村贫困人口摆脱贫困，取得了举世瞩目的伟大成就，谱写了人类反贫困历史上的辉煌篇章。党的十八大以来，我们把扶贫开发工作纳入"四个全面"战略布局，作为实现第一个百年奋斗目标的重点工作，摆在更加突出的位置，大力实施精准扶贫，不断丰富和拓展中国特色扶贫开发道路，不断开创扶贫开发事业新局面。

我国扶贫开发已进入啃硬骨头、攻坚拔寨的冲刺期。中西部一些省（自治区、直辖市）贫困人口规模依然较大，剩下的贫困人口贫困程度较深，减贫成本更高，脱贫难度更大。实现到 2020 年让 7000 多万农村贫困人口摆脱贫困的既定目标，时间十分紧迫、任务相当繁重。必须在现有基础上不断创新扶贫开发思路和办法，坚决打赢这场攻坚战。

扶贫开发事关全面建成小康社会，事关人民福祉，事关巩固党的执政基础，事关国家长治久安，事关我国国际形象。打赢脱贫攻坚战，是促进全体人民共享改革发展成果、实现共同富裕的重大举措，是体现中国特色社会主义制度优越性的重要标志，也是经济发展新常态下扩大国内需求、促进经济增长的重要途径。各级党委和政府必须把扶贫开发工作作为重大政治任务来抓，切实增强责任感、使命感和紧迫感，切实解决好思想认识不到位、体制机制不健全、工作措施不落实等突出问题，不辱使命、勇于担当，只争朝夕、真抓实干，加快补齐全面建成小康社会中的这块突出短板，决不让一个地区、一个民族掉队，实现《中共中央关于制定国民经济和社会发展第十三个五年规划的建议》确定的脱贫攻坚目标。

二、打赢脱贫攻坚战的总体要求

（一）指导思想

全面贯彻落实党的十八大和十八届二中、三中、四中、五中全会精神，以邓小平理论、"三个代表"重要思想、科学发展观为指导，深入贯彻习近平总书记系列重要讲话精神，围绕"四个全面"战略布局，牢固树立并切实贯彻创新、协调、绿色、开放、共享的发展理念，充分发挥政治优势和制度优势，把精准扶贫、精准脱贫作为基本方略，坚持扶贫开发与经济社会发展相互促进，坚持精准帮扶与集中连片特殊困难地区开发紧密结合，坚持扶贫开发与生态保护并重，坚持扶贫开发与社会保障有效衔接，咬定青山不放松，采取超常规举措，拿出过硬办法，举全党全社会之力，坚决打赢脱贫攻坚战。

（二）总体目标

到2020年，稳定实现农村贫困人口不愁吃、不愁穿，义务教育、基本医疗和住房安全有保障。实现贫困地区农民人均可支配收入增长幅度高于全国平均水平，基本公共服务主要领域指标接近全国平均水平。确保我国现行标准下农村贫困人口实现脱贫，贫困县全部摘帽，解决区域性整体贫困。

（三）基本原则

——坚持党的领导，夯实组织基础。充分发挥各级党委总揽全局、协调各方的领导核心作用，严格执行脱贫攻坚一把手负责制，省市县乡村五级书记一起抓。切实加强贫困地区农村基层党组织建设，使其成为带领群众脱贫致富的坚强战斗堡垒。

——坚持政府主导，增强社会合力。强化政府责任，引领市场、社会协同发力，鼓励先富帮后富，构建专项扶贫、行业扶贫、社会扶贫互为补充的大扶贫格局。

——坚持精准扶贫，提高扶贫成效。扶贫开发贵在精准，重在精准，必须解决好扶持谁、谁来扶、怎么扶的问题，做到扶真贫、真扶贫、真脱贫，切实提高扶贫成果可持续性，让贫困人口有更多的获得感。

——坚持保护生态，实现绿色发展。牢固树立绿水青山就是金山银山的理念，把生态保护放在优先位置，扶贫开发不能以牺牲生态为代价，探索生态脱贫新路子，让贫困人口从生态建设与修复中得到更多实惠。

——坚持群众主体，激发内生动力。继续推进开发式扶贫，处理好国家、社会帮扶和自身努力的关系，发扬自力更生、艰苦奋斗、勤劳致富精神，充分调动贫困地区干部群众积极性和创造性，注重扶贫先扶智，增强贫困人口自我发展能力。

——坚持因地制宜，创新体制机制。突出问题导向，创新扶贫开发路径，由"大水漫灌"向"精准滴灌"转变；创新扶贫资源使用方式，由多头分散向统筹集中转变；创新扶贫开发模式，由偏重"输血"向注重"造血"转变；创新扶贫考评体系，由侧重考核地区生产总值向主要考核脱贫成效转变。

三、实施精准扶贫方略，加快贫困人口精准脱贫

（四）健全精准扶贫工作机制

抓好精准识别、建档立卡这个关键环节，为打赢脱贫攻坚战打好基础，为推进城乡发展一体化、逐步实现基本公共服务均等化创造条件。按照扶持对象精准、项目安排精准、资金使用精准、措施到户精准、因村派人精准、脱贫成效精准的要求，使建档立卡贫困人口中有 5000 万人左右通过产业扶持、转移就业、易地搬迁、教育支持、医疗救助等措施实现脱贫，其余完全或部分丧失劳动能力的贫困人口实行社保政策兜底脱贫。对建档立卡贫困村、贫困户和贫困人口定期进行全面核查，建立精准扶贫台账，实行有进有出的动态管理。根据致贫原因和脱贫需求，对贫困人口实行分类扶持。建立贫困户脱贫认定机制，对已经脱贫的农户，在一定时期内让其继续享受扶贫相关政策，

避免出现边脱贫、边返贫现象，切实做到应进则进、应扶则扶。抓紧制定严格、规范、透明的国家扶贫开发工作重点县退出标准、程序、核查办法。重点县退出，由县提出申请，市（地）初审，省级审定，报国务院扶贫开发领导小组备案。重点县退出后，在攻坚期内国家原有扶贫政策保持不变，抓紧制定攻坚期后国家帮扶政策。加强对扶贫工作绩效的社会监督，开展贫困地区群众扶贫满意度调查，建立对扶贫政策落实情况和扶贫成效的第三方评估机制。评价精准扶贫成效，既要看减贫数量，更要看脱贫质量，不提不切实际的指标，对弄虚作假搞"数字脱贫"的，要严肃追究责任。

（五）发展特色产业脱贫

制定贫困地区特色产业发展规划。出台专项政策，统筹使用涉农资金，重点支持贫困村、贫困户因地制宜发展种养业和传统手工业等。实施贫困村"一村一品"产业推进行动，扶持建设一批贫困人口参与度高的特色农业基地。加强贫困地区农民合作社和龙头企业培育，发挥其对贫困人口的组织和带动作用，强化其与贫困户的利益联结机制。支持贫困地区发展农产品加工业，加快一二三产业融合发展，让贫困户更多分享农业全产业链和价值链增值收益。加大对贫困地区农产品品牌推介营销支持力度。依托贫困地区特有的自然人文资源，深入实施乡村旅游扶贫工程。科学合理有序开发贫困地区水电、煤炭、油气等资源，调整完善资源开发收益分配政策。探索水电利益共享机制，将从发电中提取的资金优先用于水库移民和库区后续发展。引导中央企业、民营企业分别设立贫困地区产业投资基金，采取市场化运作方式，主要用于吸引企业到贫困地区从事资源开发、产业园区建设、新型城镇化发展等。

（六）引导劳务输出脱贫

加大劳务输出培训投入，统筹使用各类培训资源，以就业为导向，提高培训的针对性和有效性。加大职业技能提升计划和贫困户教育培训工程实施力度，引导企业扶贫与职业教育相结合，鼓励职业院校和技工学校招收贫困家庭子女，确保贫困家庭劳动力至少掌握一门致富技能，实现靠技能脱贫。进一步加大就业专项资金向贫困地区转移支付力度。支持贫困地区建设县乡基层劳动就业和社会保障服务平台，引导和支持用人企业在贫困地区建立劳务培训基地，开展好订单定向培训，建立和完善输出地与输入地劳务对接机制。鼓励地方对跨省务工的农村贫困人口给予交通补助。大力支持家政服务、物流配送、养老服务等产业发展，拓展贫困地区劳动力外出就业空间。加大对贫困地区农民工返乡创业政策扶持力度。对在城镇工作生活一年以上的农村贫困人口，输入地政府要承担相应的帮扶责任，并优先提供基本公共服务，促进有能力在城镇稳定就业和生活的农村贫困人口有序实现市民化。

（七）实施易地搬迁脱贫

对居住在生存条件恶劣、生态环境脆弱、自然灾害频发等地区的农村贫困人口，加快实施易地扶贫搬迁工程。坚持群众自愿、积极稳妥的原则，因地制宜选择搬迁安置方式，合理确定住房建设标准，完善搬迁后续扶持政策，确保搬迁对象有业可就、稳定脱贫，做到搬得出、稳得住、能致富。要紧密结合推进新型城镇化，编制实施易地扶贫搬迁规划，支持有条件的地方依托小城镇、工业园区安置搬迁群众，帮助其尽快实现转移就业，享有与当地群众同等的基本公共服务。加大中央预算内投资和地方各级政府投入力度，创新投融资机制，拓宽资金来源渠道，提高补助标准。积极整合交通建设、农田水利、土地整治、地质灾害防治、林业生态等支农资金和社会资金，支持安置区配套公共设施建设和迁出区生态修复。利用城乡建设用地增减挂钩政策支持易地扶贫搬迁。为符合条件的搬迁户提供建房、生产、创业贴息贷款支持。支持搬迁安置点发展物业经济，增加搬迁户财产性收入。探索利用农民进城落户后自愿有偿退出的农村空置房屋和土地安置易地搬迁农户。

（八）结合生态保护脱贫

国家实施的退耕还林还草、天然林保护、防护林建设、石漠化治理、防沙治沙、湿地保护与恢复、坡耕地综合整治、退牧还草、水生态治理等重大生态工程，在项目和资金安排上进一步向贫困地区倾斜，提高贫困人口参与度和受益水平。加大贫困地区生态保护修复力度，增加重点生态功能区转移支付。结合建立国家公园体制，创新生态资金使用方式，利用生态补偿和生态保护工程资金使当地有劳动能力的部分贫困人口转为护林员等生态保护人员。合理调整贫困地区基本农田保有指标，加大贫困地区新一轮退耕还林还草力度。开展贫困地区生态综合补偿试点，健全公益林补偿标准动态调整机制，完善草原生态保护补助奖励政策，推动地区间建立横向生态补偿制度。

（九）着力加强教育脱贫

加快实施教育扶贫工程，让贫困家庭子女都能接受公平有质量的教育，阻断贫困代际传递。国家教育经费向贫困地区、基础教育倾斜。健全学前教育资助制度，帮助农村贫困家庭幼儿接受学前教育。稳步推进贫困地区农村义务教育阶段学生营养改善计划。加大对乡村教师队伍建设的支持力度，特岗计划、国培计划向贫困地区基层倾斜，为贫困地区乡村学校定向培养留得下、稳得住的一专多能教师，制定符合基层实际的教师招聘引进办法，建立省级统筹乡村教师补充机制，推动城乡教师合理流动和对口支援。全面落实连片特困地区乡村教师生活补助政策，建立乡村教师荣誉制度。合理布局贫困地区农村中小学校，改善基本办学条件，加快标准化建设，加强寄宿制学校建设，提高义务教育巩固率。普及高中阶段教育，率先从建档立卡的家庭经济困难学生实施普通高中免除学杂费、中等职业教育免除学杂费，让未升入普通高中的初中毕业生都能接受中等职业教育。加强有专业特色并适应市场需求的中等职业学校建设，提高中等职业教育国家助学金资助标准。努力办好贫困地区特殊教育和远程教育。建立保障农村和贫困地区学生上重点高校的长效机制，加大对贫困家庭大学生的救助力度。对贫困家庭离校未就业的高校毕业生提供就业支持。实施教育扶贫结对帮扶行动计划。

（十）开展医疗保险和医疗救助脱贫

实施健康扶贫工程，保障贫困人口享有基本医疗卫生服务，努力防止因病致贫、因病返贫。对贫困人口参加新型农村合作医疗个人缴费部分由财政给予补贴。新型农村合作医疗和大病保险制度对贫困人口实行政策倾斜，门诊统筹率先覆盖所有贫困地区，降低贫困人口大病费用实际支出，对新型农村合作医疗和大病保险支付后自负费用仍有困难的，加大医疗救助、临时救助、慈善救助等帮扶力度，将贫困人口全部纳入重特大疾病救助范围，使贫困人口大病医治得到有效保障。加大农村贫困残疾人康复服务和医疗救助力度，扩大纳入基本医疗保险范围的残疾人医疗康复项目。建立贫困人口健康卡。对贫困人口大病实行分类救治和先诊疗后付费的结算机制。建立全国三级医院（含军队和武警部队医院）与连片特困地区县和国家扶贫开发工作重点县县级医院稳定持续的一对一帮扶关系。完成贫困地区县乡村三级医疗卫生服务网络标准化建设，积极促进远程医疗诊治和保健咨询服务向贫困地区延伸。为贫困地区县乡医疗卫生机构订单定向免费培养医学类本专科学生，支持贫困地区实施全科医生和专科医生特设岗位计划，制定符合基层实际的人才招聘引进办法。支持和引导符合条件的贫困地区乡村医生按规定参加城镇职工基本养老保险。采取针对性措施，加强贫困地区传染病、地方病、慢性病等防治工作。全面实施贫困地区儿童营养改善、新生儿疾病免费筛查、妇女"两癌"免费筛查、孕前优生健康免费检查等重大公共卫生项目。加强贫困地区计划生育服务管理工作。

（十一）实行农村最低生活保障制度兜底脱贫

完善农村最低生活保障制度，对无法依靠产业扶持和就业帮助脱贫的家庭实行政策性保障兜底。加大农村低保省级统筹力度，低保标准较低的地区要逐步达到国家扶贫标准。尽快制定农村最低生活保障制度与扶贫开发政策有效衔接的实施方案。进一步加强农村低保申请家庭经济状况核查工作，将所有符合条件的贫困家庭纳入低保范围，做到应保尽保。加大临时救助制度在贫困地区落实力度。提高农村特困人员供养水平，改善供养条件。抓紧建立农村低保和扶贫开发的数据互通、资源共享信息平台，实现动态监测管理、工作机制有效衔接。加快完善城乡居民基本养老保险制度，适时提高基础养老金标准，引导农村贫困人口积极参保续保，逐步提高保障水平。有条件、有需求地区可以实施"以粮济贫"。

（十二）探索资产收益扶贫

在不改变用途的情况下，财政专项扶贫资金和其他涉农资金投入设施农业、养殖、光伏、水电、乡村旅游等项目形成的资产，具备条件的可折股量化给贫困村和贫困户，尤其是丧失劳动能力的贫困户。资产可由村集体、合作社或其他经营主体统一经营。要强化监督管理，明确资产运营方对财政资金形成资产的保值增值责任，建立健全收益分配机制，确保资产收益及时回馈持股贫困户。支持农民合作社和其他经营主体通过土地托管、牲畜托养和吸收农民土地经营权入股等方式，带动贫困户增收。贫困地区水电、矿产等资源开发，赋予土地被占用的村集体股权，让贫困人口分享资源开发收益。

（十三）健全留守儿童、留守妇女、留守老人和残疾人关爱服务体系

对农村"三留守"人员和残疾人进行全面摸底排查，建立详实完备、动态更新的信息管理系统。加强儿童福利院、救助保护机构、特困人员供养机构、残疾人康复托养机构、社区儿童之家等服务设施和队伍建设，不断提高管理服务水平。建立家庭、学校、基层组织、政府和社会力量相衔接的留守儿童关爱服务网络。加强对未成年人的监护。健全孤儿、事实无人抚养儿童、低收入家庭重病重残等困境儿童的福利保障体系。健全发现报告、应急处置、帮扶干预机制，帮助特殊贫困家庭解

决实际困难。加大贫困残疾人康复工程、特殊教育、技能培训、托养服务实施力度。针对残疾人的特殊困难，全面建立困难残疾人生活补贴和重度残疾人护理补贴制度。对低保家庭中的老年人、未成年人、重度残疾人等重点救助对象，提高救助水平，确保基本生活。引导和鼓励社会力量参与特殊群体关爱服务工作。

四、加强贫困地区基础设施建设，加快破除发展瓶颈制约

（十四）加快交通、水利、电力建设

推动国家铁路网、国家高速公路网连接贫困地区的重大交通项目建设，提高国道省道技术标准，构建贫困地区外通内联的交通运输通道。大幅度增加中央投资投入中西部地区和贫困地区的铁路、公路建设，继续实施车购税对农村公路建设的专项转移政策，提高贫困地区农村公路建设补助标准，加快完成具备条件的乡镇和建制村通硬化路的建设任务，加强农村公路安全防护和危桥改造，推动一定人口规模的自然村通公路。加强贫困地区重大水利工程、病险水库水闸除险加固、灌区续建配套与节水改造等水利项目建设。实施农村饮水安全巩固提升工程，全面解决贫困人口饮水安全问题。小型农田水利、"五小水利"工程等建设向贫困村倾斜。对贫困地区农村公益性基础设施管理养护给予支持。加大对贫困地区抗旱水源建设、中小河流治理、水土流失综合治理力度。加强山洪和地质灾害防治体系建设。大力扶持贫困地区农村水电开发。加强贫困地区农村气象为农服务体系和灾害防御体系建设。加快推进贫困地区农网改造升级，全面提升农网供电能力和供电质量，制定贫困村通动力电规划，提升贫困地区电力普遍服务水平。增加贫困地区年度发电指标。提高贫困地区水电工程留存电量比例。加

快推进光伏扶贫工程，支持光伏发电设施接入电网运行，发展光伏农业。

（十五）加大"互联网+"扶贫力度

完善电信普遍服务补偿机制，加快推进宽带网络覆盖贫困村。实施电商扶贫工程。加快贫困地区物流配送体系建设，支持邮政、供销合作等系统在贫困乡村建立服务网点。支持电商企业拓展农村业务，加强贫困地区农产品网上销售平台建设。加强贫困地区农村电商人才培训。对贫困家庭开设网店给予网络资费补助、小额信贷等支持。开展互联网为农便民服务，提升贫困地区农村互联网金融服务水平，扩大信息进村入户覆盖面。

（十六）加快农村危房改造和人居环境整治

加快推进贫困地区农村危房改造，统筹开展农房抗震改造，把建档立卡贫困户放在优先位置，提高补助标准，探索采用贷款贴息、建设集体公租房等多种方式，切实保障贫困户基本住房安全。加大贫困村生活垃圾处理、污水治理、改厕和村庄绿化美化力度。加大贫困地区传统村落保护力度。继续推进贫困地区农村环境连片整治。加大贫困地区以工代赈投入力度，支持农村山水田林路建设和小流域综合治理。财政支持的微小型建设项目，涉及贫困村的，允许按照一事一议方式直接委托村级组织自建自管。以整村推进为平台，加快改善贫困村生产生活条件，扎实推进美丽宜居乡村建设。

（十七）重点支持革命老区、民族地区、边疆地区、连片特困地区脱贫攻坚

出台加大脱贫攻坚力度支持革命老区开发建设指导意见，

加快实施重点贫困革命老区振兴发展规划，扩大革命老区财政转移支付规模。加快推进民族地区重大基础设施项目和民生工程建设，实施少数民族特困地区和特困群体综合扶贫工程，出台人口较少民族整体脱贫的特殊政策措施。改善边疆民族地区义务教育阶段基本办学条件，建立健全双语教学体系，加大教育对口支援力度，积极发展符合民族地区实际的职业教育，加强民族地区师资培训。加强少数民族特色村镇保护与发展。大力推进兴边富民行动，加大边境地区转移支付力度，完善边民补贴机制，充分考虑边境地区特殊需要，集中改善边民生产生活条件，扶持发展边境贸易和特色经济，使边民能够安心生产生活、安心守边固边。完善片区联系协调机制，加快实施集中连片特殊困难地区区域发展与脱贫攻坚规划。加大中央投入力度，采取特殊扶持政策，推进西藏、四省藏区和新疆南疆四地州脱贫攻坚。

五、强化政策保障，健全脱贫攻坚支撑体系

（十八）加大财政扶贫投入力度

发挥政府投入在扶贫开发中的主体和主导作用，积极开辟扶贫开发新的资金渠道，确保政府扶贫投入力度与脱贫攻坚任务相适应。中央财政继续加大对贫困地区的转移支付力度，中央财政专项扶贫资金规模实现较大幅度增长，一般性转移支付资金、各类涉及民生的专项转移支付资金和中央预算内投资进一步向贫困地区和贫困人口倾斜。加大中央集中彩票公益金对扶贫的支持力度。农业综合开发、农村综合改革转移支付等涉农资金要明确一定比例用于贫困村。各部门安排的各项惠民政策、项目和工程，要最大限度地向贫困地区、贫困村、贫困人口倾斜。各省（自治区、直辖市）要根据本地脱贫攻坚需要，积极调整省级财政支出结构，切实加大扶贫资金投入。从2016年起通过扩大中央和地方财政支出规模，增加对贫困地区水电路气网等基础设施建设和提高基本公共服务水平的投入。建立健全脱贫攻坚多规划衔接、多部门协调长效机制，整合目标相近、方向类同的涉农资金。按照权责一致原则，支持连片特困地区县和国家扶贫开发工作重点县围绕本县突出问题，以扶贫规划为引领，以重点扶贫项目为平台，把专项扶贫资金、相关涉农资金和社会帮扶资金捆绑集中使用。严格落实国家在贫困地区安排的公益性建设项目取消县级和西部连片特困地区地市级配套资金的政策，并加大中央和省级财政投资补助比重。在扶贫开发中推广政府与社会资本合作、政府购买服务等模式。加强财政监督检查和审计、稽查等工作，建立扶贫资金违规使用责任追究制度。纪检监察机关对扶贫领域虚报冒领、截留私分、贪污挪用、挥霍浪费等违法违规问题，坚决从严惩处。推进扶贫开发领域反腐倡廉建设，集中整治和加强预防扶贫领域职务犯罪工作。贫困地区要建立扶贫公告公示制度，强化社会监督，保障资金在阳光下运行。

（十九）加大金融扶贫力度

鼓励和引导商业性、政策性、开发性、合作性等各类金融机构加大对扶贫开发的金融支持。运用多种货币政策工具，向金融机构提供长期、低成本的资金，用于支持扶贫开发。设立扶贫再贷款，实行比支农再贷款更优惠的利率，重点支持贫困地区发展特色产业和贫困人口就业创业。运用适当的政策安排，动用财政贴息资金及部分金融机构的富余资金，对接政策性、开发性金融机构的资金需求，拓宽扶贫资金来源渠道。由国家开发银行和中国农业发展银行发行政策性金融债，按照微利或保本的原则发放长期贷款，中央财政给予90%的贷款贴息，专项用于易地扶贫搬迁。国家开发银行、中国农业发展银行分别设立"扶贫金融事业部"，依法享受税收优惠。中国农业银行、邮政储蓄银行、农村信用社等金融机构要延伸服务网络，创新金融产品，增加贫困地区信贷投放。对有稳定还款来源的扶贫项目，允许采用过桥贷款方式，撬动信贷资金投入。按照省（自治区、直辖市）负总责的要求，建立和完善省级扶贫开发投融资主体。支持农村信用社、村镇银行等金融机构为贫困户提供免抵押、免担保扶贫小额信贷，由财政按基础利率贴息。加大创业担保贷款、助学贷款、妇女小额贷款、康复扶贫贷款实施力度。优先支持在贫困地区设立村镇银行、小额贷款公司等机构。支持贫困地区培育发展农民资金互助组织，开展农民合作社信用合作试点。支持贫困地区设立扶贫贷款风险补偿基金。支持贫困地区设立政府出资的融资担保机构，重点开展扶贫担保业务。积极发展扶贫小额贷款保证保险，对贫困户保证保险保费予以补助。扩大农业保险覆盖面，通过中央财政以奖代补等支持贫困地区特色农产品保险发展。加强贫困地区金融服务基础设施建设，优化金融生态环境。支持贫困地区开展特色农产品价格保险，有条件的地方可给予一定保费补贴。有效拓展贫困地区抵押物担保范围。

（二十）完善扶贫开发用地政策

支持贫困地区根据第二次全国土地调查及最新年度变更

调查成果，调整完善土地利用总体规划。新增建设用地计划指标优先保障扶贫开发用地需要，专项安排国家扶贫开发工作重点县年度新增建设用地计划指标。中央和省级在安排土地整治工程和项目、分配下达高标准基本农田建设计划和补助资金时，要向贫困地区倾斜。在连片特困地区和国家扶贫开发工作重点县开展易地扶贫搬迁，允许将城乡建设用地增减挂钩指标在省域范围内使用。在有条件的贫困地区，优先安排国土资源管理制度改革试点，支持开展历史遗留工矿废弃地复垦利用、城镇低效用地再开发和低丘缓坡荒滩等未利用地开发利用试点。

（二十一）发挥科技、人才支撑作用

加大科技扶贫力度，解决贫困地区特色产业发展和生态建设中的关键技术问题。加大技术创新引导专项（基金）对科技扶贫的支持，加快先进适用技术成果在贫困地区的转化。深入推行科技特派员制度，支持科技特派员开展创业式扶贫服务。强化贫困地区基层农技推广体系建设，加强新型职业农民培训。加大政策激励力度，鼓励各类人才扎根贫困地区基层建功立业，对表现优秀的人员在职称评聘等方面给予倾斜。大力实施边远贫困地区、边疆民族地区和革命老区人才支持计划，贫困地区本土人才培养计划。积极推进贫困村创业致富带头人培训工程。

六、广泛动员全社会力量，合力推进脱贫攻坚

（二十二）健全东西部扶贫协作机制

加大东西部扶贫协作力度，建立精准对接机制，使帮扶资金主要用于贫困村、贫困户。东部地区要根据财力增长情况，逐步增加对口帮扶财政投入，并列入年度预算。强化以企业合

作为载体的扶贫协作，鼓励东西部按照当地主体功能定位共建产业园区，推动东部人才、资金、技术向贫困地区流动。启动实施经济强县（市）与国家扶贫开发工作重点县"携手奔小康"行动，东部各省（直辖市）在努力做好本区域内扶贫开发工作的同时，更多发挥县（市）作用，与扶贫协作省份的国家扶贫开发工作重点县开展结对帮扶。建立东西部扶贫协作考核评价机制。

（二十三）健全定点扶贫机制

进一步加强和改进定点扶贫工作，建立考核评价机制，确保各单位落实扶贫责任。深入推进中央企业定点帮扶贫困革命老区县"百县万村"活动。完善定点扶贫牵头联系机制，各牵头部门要按照分工督促指导各单位做好定点扶贫工作。

（二十四）健全社会力量参与机制

鼓励支持民营企业、社会组织、个人参与扶贫开发，实现社会帮扶资源和精准扶贫有效对接。引导社会扶贫重心下移，自愿包村包户，做到贫困户都有党员干部或爱心人士结对帮扶。吸纳农村贫困人口就业的企业，按规定享受税收优惠、职业培训补贴等就业支持政策。落实企业和个人公益扶贫捐赠所得税税前扣除政策。充分发挥各民主党派、无党派人士在人才和智力扶贫上的优势和作用。工商联系统组织民营企业开展"万企帮万村"精准扶贫行动。通过政府购买服务等方式，鼓励各类社会组织开展到村到户精准扶贫。完善扶贫龙头企业认定制度，增强企业辐射带动贫困户增收的能力。鼓励有条件的企业设立扶贫公益基金和开展扶贫公益信托。发挥好"10·17"全国扶贫日社会动员作用。实施扶贫志愿者行动计划和社会工作专业人才服务贫困地区计划。着力打造扶贫公益品牌，全面及时公开扶贫捐赠信息，提高社会扶贫公信力和美誉度。构建社会扶贫信息服务网络，探索发展公益众筹扶贫。

七、大力营造良好氛围，为脱贫攻坚提供强大精神动力

（二十五）创新中国特色扶贫开发理论

深刻领会习近平总书记关于新时期扶贫开发的重要战略思想，系统总结我们党和政府领导亿万人民摆脱贫困的历史经验，提炼升华精准扶贫的实践成果，不断丰富完善中国特色扶贫开发理论，为脱贫攻坚注入强大思想动力。

（二十六）加强贫困地区乡风文明建设

培育和践行社会主义核心价值观，大力弘扬中华民族自强不息、扶贫济困传统美德，振奋贫困地区广大干部群众精神，坚定改变贫困落后面貌的信心和决心，凝聚全党全社会扶贫开发强大合力。倡导现代文明理念和生活方式，改变落后风俗习惯，善于发挥乡规民约在扶贫济困中的积极作用，激发贫困群众奋发脱贫的热情。推动文化投入向贫困地区倾斜，集中实施一批文化惠民扶贫项目，普遍建立村级文化中心。深化贫困地区文明村镇和文明家庭创建。推动贫困地区县级公共文化体育设施达到国家标准。支持贫困地区挖掘保护和开发利用红色、民族、民间文化资源。鼓励文化单位、文艺工作者和其他社会力量为贫困地区提供文化产品和服务。

（二十七）扎实做好脱贫攻坚宣传工作

坚持正确舆论导向，全面宣传我国扶贫事业取得的重大成就，准确解读党和政府扶贫开发的决策部署、政策举措，生动报道各地区各部门精准扶贫、精准脱贫丰富实践和先进典型。建立国家扶贫荣誉制度，表彰对扶贫开发作出杰出贡献的组织

和个人。加强对外宣传，讲好减贫的中国故事，传播好减贫的中国声音，阐述好减贫的中国理念。

（二十八）加强国际减贫领域交流合作

通过对外援助、项目合作、技术扩散、智库交流等多种形式，加强与发展中国家和国际机构在减贫领域的交流合作。积极借鉴国际先进减贫理念与经验。履行减贫国际责任，积极落实联合国2030年可持续发展议程，对全球减贫事业作出更大贡献。

八、切实加强党的领导，为脱贫攻坚提供坚强政治保障

（二十九）强化脱贫攻坚领导责任制

实行中央统筹、省（自治区、直辖市）负总责、市（地）县抓落实的工作机制，坚持片区为重点、精准到村到户。党中央、国务院主要负责统筹制定扶贫开发大政方针，出台重大政策举措，规划重大工程项目。省（自治区、直辖市）党委和政府对扶贫开发工作负总责，抓好目标确定、项目下达、资金投放、组织动员、监督考核等工作。市（地）党委和政府要做好上下衔接、域内协调、督促检查工作，把精力集中在贫困县如期摘帽上。县级党委和政府承担主体责任，书记和县长是第一责任人，做好进度安排、项目落地、资金使用、人力调配、推进实施等工作。要层层签订脱贫攻坚责任书，扶贫开发任务重的省（自治区、直辖市）党政主要领导要向中央签署脱贫责任书，每年要向中央作扶贫脱贫进展情况的报告。省（自治区、直辖市）党委和政府要向市（地）、县（市）、乡镇提出要求，层层落实责任制。中央和国家机关各部门要按照部门职责落实扶贫开发责任，实现部门专项规划与脱贫攻坚规划有效衔接，充分运用行业资源做好扶贫开发工作。军队和武警部队要发挥

优势，积极参与地方扶贫开发。改进县级干部选拔任用机制，统筹省（自治区、直辖市）内优秀干部，选好配强扶贫任务重的县党政主要领导，把扶贫开发工作实绩作为选拔使用干部的重要依据。脱贫攻坚期内贫困县县级领导班子要保持稳定，对表现优秀、符合条件的可以就地提级。加大选派优秀年轻干部特别是后备干部到贫困地区工作的力度，有计划地安排省部级后备干部到贫困县挂职任职，各省（自治区、直辖市）党委和政府也要选派厅局级后备干部到贫困县挂职任职。各级领导干部要自觉践行党的群众路线，切实转变作风，把严的要求、实的作风贯穿于脱贫攻坚始终。

（三十）发挥基层党组织战斗堡垒作用

加强贫困乡镇领导班子建设，有针对性地选配政治素质高、工作能力强、熟悉"三农"工作的干部担任贫困乡镇党政主要领导。抓好以村党组织为领导核心的村级组织配套建设，集中整顿软弱涣散村党组织，提高贫困村党组织的创造力、凝聚力、战斗力，发挥好工会、共青团、妇联等群团组织的作用。选好配强村级领导班子，突出抓好村党组织带头人队伍建设，充分发挥党员先锋模范作用。完善村级组织运转经费保障机制，将村干部报酬、村办公经费和其他必要支出作为保障重点。注重选派思想好、作风正、能力强的优秀年轻干部到贫困地区驻村，选聘高校毕业生到贫困村工作。根据贫困村的实际需求，精准选配第一书记，精准选派驻村工作队，提高县以上机关派出干部比例。加大驻村干部考核力度，不稳定脱贫不撤队伍。对在基层一线干出成绩、群众欢迎的驻村干部，要重点培养使用。加快推进贫困村村务监督委员会建设，继续落实好"四议两公开"、村务联席会等制度，健全党组织领导的村民自治机制。在有实际需要的地区，探索在村民小组或自然村开展村民自治，通过议事协商，组织群众自觉广泛参与扶贫开发。

（三十一）严格扶贫考核督查问责

抓紧出台中央对省（自治区、直辖市）党委和政府扶贫开发工作成效考核办法。建立年度扶贫开发工作逐级督查制度，选择重点部门、重点地区进行联合督查，对落实不力的部门和地区，国务院扶贫开发领导小组要向党中央、国务院报告并提出责任追究建议，对未完成年度减贫任务的省份要对党政主要领导进行约谈。各省（自治区、直辖市）党委和政府要加快出台对贫困县扶贫绩效考核办法，大幅度提高减贫指标在贫困县经济社会发展实绩考核指标中的权重，建立扶贫工作责任清单。加快落实对限制开发区域和生态脆弱的贫困县取消地区生产总值考核的要求。落实贫困县约束机制，严禁铺张浪费，厉行勤俭节约，严格控制"三公"经费，坚决刹住穷县"富衙"、"戴帽"炫富之风，杜绝不切实际的形象工程。建立重大涉贫事件的处置、反馈机制，在处置典型事件中发现问题，不断提高扶贫工作水平。加强农村贫困统计监测体系建设，提高监测能力和数据质量，实现数据共享。

（三十二）加强扶贫开发队伍建设

稳定和强化各级扶贫开发领导小组和工作机构。扶贫开发任务重的省（自治区、直辖市）、市（地）、县（市）扶贫开发领导小组组长由党政主要负责同志担任，强化各级扶贫开发领导小组决策部署、统筹协调、督促落实、检查考核的职能。加强与精准扶贫工作要求相适应的扶贫开发队伍和机构建设，完善各级扶贫开发机构的设置和职能，充实配强各级扶贫开发工作力度。扶贫任务重的乡镇要有专门干部负责扶贫开发工作。加强贫困地区县级领导干部和扶贫干部思想作风建设，加大培训力度，全面提升扶贫干部队伍能力水平。

（三十三）推进扶贫开发法治建设

各级党委和政府要切实履行责任，善于运用法治思维和法治方式推进扶贫开发工作，在规划编制、项目安排、资金使用、监督管理等方面，提高规范化、制度化、法治化水平。强化贫困地区社会治安防控体系建设和基层执法队伍建设。健全贫困地区公共法律服务制度，切实保障贫困人口合法权益。完善扶贫开发法律法规，抓紧制定扶贫开发条例。

让我们更加紧密地团结在以习近平同志为总书记的党中央周围，凝心聚力，精准发力，苦干实干，坚决打赢脱贫攻坚战，为全面建成小康社会、实现中华民族伟大复兴的中国梦而努力奋斗。

关于创新机制扎实推进农村扶贫开发工作的意见

中共中央办公厅、国务院办公厅印发《关于创新机制扎实推进农村扶贫开发工作的意见》的通知

各省、自治区、直辖市党委和人民政府，中央和国家机关各部委，解放军各总部、各大单位，各人民团体：

《关于创新机制扎实推进农村扶贫开发工作的意见》
已经中央同意，现印发给你们，请结合实际认真贯彻执行。

中共中央办公厅

国务院办公厅

2013 年 12 月 18 日

　　消除贫困，改善民生，实现共同富裕，是社会主义的本质
要求。改革开放以来，我国扶贫开发工作取得举世瞩目的成就，
走出了一条中国特色扶贫开发道路。但是，贫困地区发展滞后
问题没有根本改变，贫困人口生产生活仍然十分困难。全面建
成小康社会，最艰巨最繁重的任务在农村特别是在贫困地区。
实现《中国农村扶贫开发纲要（2011-2020 年）》（以下简称
《纲要》）提出的奋斗目标，必须深入贯彻党的十八大和十八届
二中、三中全会精神，全面落实习近平总书记等中央领导同志
关于扶贫开发工作的一系列重要指示，进一步增强责任感和紧
迫感，切实将扶贫开发工作摆到更加重要、更为突出的位置，
以改革创新为动力，着力消除体制机制障碍，增强内生动力和
发展活力，加大扶持力度，集中力量解决突出问题，加快贫困
群众脱贫致富、贫困地区全面建成小康社会步伐。

　　一、深化改革，创新扶贫开发工作机制

　　当前和今后一个时期，扶贫开发工作要进一步解放思想，
开拓思路，深化改革，创新机制，使市场在资源配置中起决定
性作用和更好发挥政府作用，更加广泛、更为有效地动员社会
力量，构建政府、市场、社会协同推进的大扶贫开发格局，在

全国范围内整合配置扶贫开发资源，形成扶贫开发合力。

（一）改进贫困县考核机制

由主要考核地区生产总值向主要考核扶贫开发工作成效转变，对限制开发区域和生态脆弱的国家扶贫开发工作重点县（以下简称重点县）取消地区生产总值考核，把提高贫困人口生活水平和减少贫困人口数量作为主要指标，引导贫困地区党政领导班子和领导干部把工作重点放在扶贫开发上。中央有关部门加强指导，各省（自治区、直辖市）制定具体考核评价办法，并在试点基础上全面推开。同时，研究建立重点县退出机制，建立扶贫开发效果评估体系。（中央组织部、国务院扶贫办、国家统计局等。列在首位的为牵头单位，其他单位按职责分工负责，下同）

（二）建立精准扶贫工作机制

国家制定统一的扶贫对象识别办法。各省（自治区、直辖市）在已有工作基础上，坚持扶贫开发和农村最低生活保障制度有效衔接，按照县为单位、规模控制、分级负责、精准识别、动态管理的原则，对每个贫困村、贫困户建档立卡，建设全国扶贫信息网络系统。专项扶贫措施要与贫困识别结果相衔接，深入分析致贫原因，逐村逐户制定帮扶措施，集中力量予以扶持，切实做到扶真贫、真扶贫，确保在规定时间内达到稳定脱贫目标。（国务院扶贫办、民政部、中央农办、人力资源社会保障部、国家统计局、共青团中央、中国残联等）

（三）健全干部驻村帮扶机制

在各省（自治区、直辖市）现有工作基础上，普遍建立驻村工作队（组）制度。可分期分批安排，确保每个贫困村都有驻村工作队（组），每个贫困户都有帮扶责任人。把驻村入户扶贫作为培养锻炼干部特别是青年干部的重要渠道。驻村工作队（组）要协助基层组织贯彻落实党和政府各项强农惠农富农政策，积极参与扶贫开发各项工作，帮助贫困村、贫困户脱贫致富。落实保障措施，建立激励机制，实现驻村帮扶长期化、制度化。（各省、自治区、直辖市）

（四）改革财政专项扶贫资金管理机制

各级政府要逐步增加财政专项扶贫资金投入，加大资金管理改革力度，增强资金使用的针对性和实效性，项目资金要到村到户，切实使资金直接用于扶贫对象。把资金分配与工作考核、资金使用绩效评价结果相结合，探索以奖代补等竞争性分配办法。简化资金拨付流程，项目审批权限原则上下放到县。以扶贫攻坚规划和重大扶贫项目为平台，整合扶贫和相关涉农资金，集中解决突出贫困问题。积极探索政府购买公共服务等有效做法。加强资金监管，强化地方责任，省、市两级政府主要负责资金和项目监管，县级政府负责组织实施好扶贫项目，各级人大常委会要加强对资金审计结果的监督，管好用好资金。坚持和完善资金项目公告公示制度，积极发挥审计、纪检、监察等部门作用，加大违纪违法行为惩处力度。逐步引入社会力量，发挥社会监督作用。（财政部、国务院扶贫办、国家发展改革委、中央纪委、监察部、审计署等）

（五）完善金融服务机制

充分发挥政策性金融的导向作用，支持贫困地区基础设施建设和主导产业发展。引导和鼓励商业性金融机构创新金融产品和服务，增加贫困地区信贷投放。在防范风险前提下，加快推动农村合作金融发展，增强农村信用社支农服务功能，规范发展村镇银行、小额贷款公司和贫困村资金互助组织。完善扶贫贴息贷款政策，增加财政贴息资金，扩大扶贫贴息贷款规模。进一步推广小额信用贷款，推进农村青年创业小额贷款和妇女小额担保贷款工作。推动金融机构网点向贫困乡镇和社区延伸，改善农村支付环境，加快信用户、信用村、信用乡（镇）建设，发展农业担保机构，扩大农业保险覆盖面。改善对农业产业化龙头企业、家庭农场、农民合作社、农村残疾人扶贫基地等经营组织的金融服务。（中国人民银行、财政部、民政部、中国银监会、中国保监会、国务院扶贫办、人力资源社会保障部、共青团中央、全国妇联、中国残联等）

（六）创新社会参与机制

建立和完善广泛动员社会各方面力量参与扶贫开发制度。充分发挥定点扶贫、东西部扶贫协作在社会扶贫中的引领作用。支持各民主党派中央、全国工商联和无党派人士参与扶贫开发工作，鼓励引导各类企业、社会组织和个人以多种形式参与扶贫开发。建立信息交流共享平台，形成有效协调协作和监管机制。全面落实企业扶贫捐赠税前扣除、各类市场主体到贫困地区投资兴业等相关支持政策。支持军队和武警部队积极参与地方扶贫开发，实现军地优势互补。每5年以国务院扶贫开发领导小组名义进行一次社会扶贫表彰。加强扶贫领域国际交流合作。（国务院扶贫办、定点扶贫牵头组织部门、民政部、财政部、人力资源社会保障部、税务总局、中国残联、全国工商联等）

二、注重实效，扎实解决突出问题

针对制约贫困地区发展的瓶颈，以集中连片特殊困难地区

（以下简称连片特困地区）为主战场，因地制宜，分类指导，突出重点，注重实效，继续做好整村推进、易地扶贫搬迁、以工代赈、就业促进、生态建设等工作，进一步整合力量、明确责任、明确目标，组织实施扶贫开发10项重点工作，全面带动和推进各项扶贫开发工作。

（一）村级道路畅通工作

按照《全国农村公路建设规划》确定的目标任务，结合村镇行政区划调整、易地扶贫搬迁、特色产业发展和农村物流等工作，加大对贫困地区农村公路建设支持力度。加强安全防护设施建设和中小危桥改造，提高农村公路服务水平和防灾抗灾能力。到2015年，提高贫困地区县城通二级及以上高等级公路比例，除西藏外，西部地区80%的建制村通沥青（水泥）路，稳步提高贫困地区农村客运班车通达率，解决溜索等特殊问题。到2020年，实现具备条件的建制村通沥青、水泥路和通班车。（交通运输部、国家发展改革委、财政部等）

（二）饮水安全工作

继续全力推进《全国农村饮水安全工程"十二五"规划》实施，优先安排贫困地区农村饮水安全工程建设，确保到2015年解决规划内贫困地区剩余的农村居民和学校师生饮水安全问题。到2020年，农村饮水安全保障程度和自来水普及率进一步提高。（国家发展改革委、水利部、国家卫生计生委、环境保护部等）

（三）农村电力保障工作

与易地扶贫搬迁规划相衔接，加大农村电网升级改造工作力度。落实《全面解决无电人口用电问题三年行动计划（2013-2015年）》，因地制宜采取大电网延伸以及光伏、风电光电互补、小水电等可再生能源分散供电方式。到 2015 年，全面解决无电人口用电问题。（国家能源局、国家发展改革委、财政部、水利部等）

（四）危房改造工作

制定贫困地区危房改造计划，继续加大对贫困地区和贫困人口倾斜力度。明确建设标准，确保改造户住房达到最低建设要求。完善现有危房改造信息系统，有步骤地向社会公开。加强对农村危房改造的管理和监督检查。到 2020 年，完成贫困地区存量农村危房改造任务，解决贫困农户住房安全问题。（住房城乡建设部、国家发展改革委、财政部等）

（五）特色产业增收工作

指导连片特困地区编制县级特色产业发展规划。加强规划项目进村到户机制建设，切实提高贫困户的参与度、受益度。积极培育贫困地区农民合作组织，提高贫困户在产业发展中的组织程度。鼓励企业从事农业产业化经营，发挥龙头企业带动作用，探索企业与贫困农户建立利益联结机制，促进贫困农户稳步增收。深入推进科技特派员农村科技创业行动，加快现代农业科技在贫困地区的推广应用。到 2015 年，力争每个有条件的贫困农户掌握 1 至 2 项实用技术，至少参与 1 项养殖、种植、林下经济、花卉苗木培育、沙产业、设施农业等增收项目，到 2020 年，初步构建特色支柱产业体系。不断提高贫困地区防灾避灾能力和农业现代化水平。畅通农产品流通渠道，完善流通网络。推动县域经济发展。（农业部、国家林业局、国务院扶贫办、商务部、国家发展改革委、科技部、全国供销合作总社等）

（六）乡村旅游扶贫工作

加强贫困地区旅游资源调查，围绕美丽乡村建设，依托贫困地区优势旅游资源，发挥精品景区的辐射作用，带动农户脱贫致富。统筹考虑贫困地区旅游资源情况，在研究编制全国重点旅游区生态旅游发展规划时，对贫困乡村旅游发展给予重点支持。结合交通基础设施建设、农村危房改造、农村环境综合整治、生态搬迁、游牧民定居、特色景观旅游村镇、历史文化名村名镇和传统村落及民居保护等项目建设，加大政策、资金扶持力度，促进休闲农业和乡村旅游业发展。到 2015 年，扶持约 2000 个贫困村开展乡村旅游。到 2020 年，扶持约 6000 个贫困村开展乡村旅游，带动农村劳动力就业。（国家发展改革委、国家旅游局、环境保护部、住房城乡建设部、农业部、国家林业局等）

（七）教育扶贫工作

全面实施教育扶贫工程。科学布局农村义务教育学校，保障学生就近上学。大力发展现代职业教育，办好一批中、高等职业学校，支持一批特色优势专业，培育当地产业发展需要的技术技能人才。完善职业教育对口支援机制，鼓励东部地区职业院校（集团）对口支援贫困地区职业院校。国家制定奖补政策，实施中等职业教育协作计划，支持贫困地区初中毕业生到省内外经济较发达地区中等职业学校接受教育。广泛开展职业技能培训，使未继续升学的初高中毕业生等新成长劳动力都能接受适应就业需求的职业培训。继续推进面向贫困地区定向招生专项计划和支援中西部地区招生协作计划的实施，不断增加贫困地区学生接受优质高等教育机会。到 2015 年，贫困地区义务教育巩固率达到 90% 以上，学前三年教育毛入园率达到 55%

以上，高中阶段毛入学率达到80%以上。到2020年，贫困地区基本普及学前教育，义务教育水平进一步提高，普及高中阶段教育，基础教育办学质量有较大提升，职业教育体系更加完善，教育培训就业衔接更加紧密，高等教育服务区域经济社会发展能力和继续教育服务劳动者就业创业能力持续提高。（教育部、国家发展改革委、财政部、国务院扶贫办、人力资源社会保障部、公安部、农业部等）

（八）卫生和计划生育工作

进一步健全贫困地区基层卫生计生服务体系，加强妇幼保健机构能力建设，加大重大疾病和地方病防控力度，采取有效措施逐步解决因病致贫、因病返贫问题。加强贫困地区计划生育工作，加大对计划生育扶贫对象的扶持力度。到2015年，贫困地区县、乡、村三级卫生计生服务网基本健全，县级医院的能力和水平明显提高，每个乡镇有1所政府举办的卫生院，每个行政村有卫生室；新型农村合作医疗参合率稳定在90%以上；逐步提高儿童医疗卫生保障水平，重大传染病和地方病得到有效控制。到2020年，贫困地区群众获得的公共卫生和基本医疗服务更加均等，服务水平进一步提高，低生育水平持续稳定，逐步实现人口均衡发展。（国家卫生计生委、国家发展改革委、财政部等）

（九）文化建设工作

加强贫困地区公共文化服务体系建设，提高服务效能，积极推进公共数字文化建设。统筹有线电视、直播卫星、地面数字电视等多种方式，提高电视覆盖率。充分利用村级组织活动场所等现有设施，积极开展群众性文化活动。到2015年，基本建成以县级公共图书馆、文化馆和乡镇综合文化站为主干的公共文化设施网络。到 2020 年，全面实现广播电视户户通。（文化部、新闻出版广电总局、国家发展改革委、财政部等）

（十）贫困村信息化工作

推进贫困地区建制村接通符合国家标准的互联网，努力消除"数字鸿沟"带来的差距。整合开放各类信息资源，为农民提供信息服务。每个村至少确定 1 名有文化、懂信息、能服务的信息员，加大培训力度，充分利用有关部门现有培训项目，着力提高其信息获取和服务能力。到 2015 年，连片特困地区已通电的建制村，互联网覆盖率达到 100%，基本解决连片特困地区内义务教育学校和普通高中、职业院校的宽带接入问题。到 2020 年，自然村基本实现通宽带。（工业和信息化部、农业部、科技部、教育部、国务院扶贫办等）

三、加强领导，确保各项措施落到实处

各级党委和政府、各有关部门要深刻认识扶贫开发的重大意义，更加重视扶贫开发工作，践行党的群众路线，转变作风，扎实工作，切实帮助贫困地区改变面貌，帮助贫困群众脱贫致富。

（一）明确工作职责

贫困地区各级党委和政府要把扶贫开发工作列入重要议事日程，摆在突出位置，科学确定发展规划和项目，发扬钉钉子精神，一张蓝图干到底。党政主要负责同志要认真履行职责，把工作重点放在扶贫开发上，切忌空喊口号，不提好高骛远的目标，出实招、办实事、求实效。关注少数民族、妇女儿童、残疾人等特殊群体，加大支持力度。中央和国家机关要发挥引领示范作用，认真贯彻扶贫开发政策，落实分工任务，积极选派优秀干部到贫困地区帮扶。东部各省（直辖市）在做好东西部扶贫协作的同时，进一步加大对本区域内贫困地区和贫困人口的扶持力度，鼓励支持其开展扶贫改革实验，探索解决相对贫困、缩小收入差距、实现共同富裕的有效途径。加大扶贫开发工作考核力度，做到有目标、有计划、有措施、有检查、有奖惩。加快扶贫立法，把扶贫开发工作纳入法治轨道，确保长期化、可持续。

（二）完善管理体制

进一步完善中央统筹、省负总责、县抓落实的管理体制。国务院有关部门负责统筹协调、分类指导，以连片特困地区为重点，组织编制规划，加强政策指导，强化对跨区域重大基础设施建设、生产力布局、经济协作等事项的督促、衔接和协调，公共投资要向贫困地区倾斜。各省（自治区、直辖市）党委和政府要对本区域内贫困地区的扶贫脱贫负总责，逐级建立扶贫开发目标责任制，组织制定贫困县、村脱贫规划和产业发展规划，整合省内资源予以支持。各县（市、区、旗）党委和政府要采取措施，帮扶到村到户到人，把扶贫开发任务和政策逐项落到实处。

（三）加强基层组织

加强服务型党组织建设，健全党员干部联系和服务群众制度，切实发挥基层党组织推动发展、服务群众、凝聚人心、促进和谐的作用。选好配强村级领导班子，突出抓好村党组织带头人队伍建设。鼓励和选派思想好、作风正、能力强、愿意为群众服务的优秀年轻干部、致富带头人、外出务工经商人员、企业经营管理人员、退伍军人、高校毕业生等到贫困村工作，充分发挥驻村工作队（组）作用。发展集体经济，增加村级集体积累。尊重贫困地区群众在脱贫致富中的主体地位，鼓励其发扬自力更生、艰苦奋斗精神，通过自身努力增加收入，改变落后面貌。

（四）强化队伍建设

各级党委和政府要加大贫困地区干部培训力度，提高执行能力，重视扶贫开发队伍建设，提供必需的工作条件和经费保障。各级扶贫开发领导小组要认真履行职责，切实改进作风，深入调查研究，加强工作指导，总结推广经验，统筹各方面资源，发挥牵头协调作用。各级扶贫开发相关部门要加强思想、作风、廉政和效能建设，加强督促检查，认真履职尽责。扶贫任务重的县要加强扶贫开发能力建设，充实工作力量。扶贫任务重的乡镇要有专门干部负责扶贫开发工作。基层扶贫开发队伍建设要适应精准扶贫工作需要。

（五）营造良好环境

进一步加强扶贫开发宣传工作，积极宣传贫困地区广大干部群众自强不息、战胜贫困的先进事迹，总结推广扶贫开发实践中探索的成功经验，大力弘扬中华民族扶贫济困、乐善好施的传统美德，引导和鼓励社会各界更加关注、广泛参与扶贫开发事业，激发贫困地区干部群众脱贫致富的信心和活力。

本意见所确定的牵头单位和各省（自治区、直辖市）要制定具体实施方案，认真组织实施，把各项工作落到实处，并于每年10月底前将贯彻落实情况报送国务院扶贫开发领导小组，汇总后报告党中央、国务院。

国务院办公厅关于完善支持政策
促进农民持续增收的若干意见

国办发〔2016〕87号

各省、自治区、直辖市人民政府，国务院各部委、各直属机构：

小康不小康，关键看老乡。全面建成小康社会，难点在农村，关键在农民。增加农民收入是"三农"工作的中心任务，事关农民安居乐业和农村和谐稳定，事关巩固党在农村的执政基础，事关经济社会发展全局。随着经济发展进入新常态，农业发展进入新阶段，支撑农民增收的传统动力逐渐减弱，农民收入增长放缓，迫切需要拓宽新渠道、挖掘新潜力、培育新动能。为进一步完善支持政策，促进农民持续增收，经国务院同意，现提出如下意见：

一、总体要求

（一）指导思想。全面贯彻党的十八大和十八届三中、四中、五中、六中全会精神，深入学习贯彻习近平总书记系列重要讲话精神，紧紧围绕统筹推进"五位一体"总体布局和协调推进"四个全面"战略布局，牢固树立创新、协调、绿色、开放、共享的发展理念，认真落实党中央、国务院决策部署，以粮食主产区和种粮农民为重点，紧紧围绕农业提质增效强基础、农民就业创业拓渠道、农村改革赋权增活力、农村社会保障固基本，进一步完善强农惠农富农政策，着力挖掘经营性收入增长潜力，稳住工资性收入增长势头，释放财产性收入增长红利，拓展转移性收入增长空间，确保农民收入持续较快增长，确保如期实现全面小康。

（二）基本原则

坚持市场主导、政府支持。充分发挥市场配置资源的决定性作用，加快推进农业供给侧结构性改革，促进农业提质增效。更好发挥政府作用，进一步多予少取放活，完善农业支持保护制度，健全农村社会保障体系。

坚持就业为本、拓宽渠道。加快推进新型工业化、信息化、城镇化、农业现代化同步发展，深入推进农村一二三产业融合发展，努力增加就业岗位和创业机会，促进农业转移人口市民化，开拓农民增收新路径和新模式。

坚持改革创新、激发活力。加快构建现代农业经营体系，深化农村集体产权制度改革，推进城乡一体化发展，促进城乡要素平等交换、公共资源均衡配置，建立健全有利于农民增收的体制机制，激发农业农村发展活力。

坚持统筹兼顾、协调发展。统筹考虑保障重要农产品有效供给和保护农业生态环境，实现农民增收、确保粮食安全和农业可持续发展相统一。加大对老少边穷和资源枯竭、产业衰退、生态严重退化等地区的扶持力度，推动协同发展。

（三）主要目标

到2020年，农民收入增长支持政策体系进一步完善，农业支持保护制度更加健全，农民就业创业政策更加完善，农村资源资产要素活力充分激发，农村保障政策有力有效，农民收入持续较快增长、城乡居民收入差距进一步缩小，确保实现农民人均收入比 2010 年翻一番的目标。

二、完善农业支持保护制度，挖掘农业内部增收潜力

（四）加大农业基础设施投入

优先保障财政对"三农"的投入，坚持把农业农村作为国家固定资产投资重点领域，确保力度不减弱。大规模推进高标准农田建设和农村土地整治，加强农田水利、农业科技和粮食仓储物流等基础设施建设，实施山水林田湖生态保护和修复工程。实施新一轮农村电网改造升级工程。加大财政涉农资金整合力度，提高资金使用效益。创新投融资模式，充分发挥财政资金的杠杆作用，撬动更多社会资本投向农业农村。对财政资金投入农业农村形成的经营性资产，鼓励各地探索将股权量化到村到户，作为村集体或农户持有的股权，让农民长期受益。（国家发展改革委、财政部、国土资源部、水利部、农业部、国家林业局、国家粮食局、国家能源局等负责）

（五）推进农业补贴政策转型

在确保国家粮食安全和农民收入稳定增长前提下，改革完善农业补贴政策，并注意补贴的绿色生态导向。落实和完善农业"三项补贴"改革政策，重点支持耕地地力保护和粮食适度规模经营。完善耕地保护补偿机制，推进耕地轮作休耕制度试点。健全草原、森林、湿地、河湖等生态补偿政策。继续实施和完善产粮大县奖励政策。加大粮食生产功能区和重要农产品生产保护区建设支持力度，保障农民合理收益。（财政部、国家发展改革委、国土资源部、农业部、水利部、国家林业局、国

家粮食局等负责)

(六) 完善农业结构调整政策

推进农牧(农林、农渔)结合、循环发展,调整优化农业种养结构,加快发展特色农业。完善粮改饲、粮豆轮作补助政策。建设现代饲草料产业体系,合理布局畜禽、水产养殖,推进标准化、规模化生产。加强海洋牧场建设。积极发展木本粮油、林下经济等。加快推广节水、节肥、节药技术设备,深入开展主要农作物生产全程机械化推进行动。加强农产品质量安全全程监管,提高农产品质量安全水平。支持农业废弃物资源化利用,吸引社会资本进行市场化运营。推进农业标准化生产、品牌化营销,支持新型农业经营主体发展"三品一标"农产品,积极培育知名农业品牌,形成优质优价的正向激励机制。(农业部、水利部、国家林业局、国家发展改革委、科技部、财政部、国家粮食局等负责)

(七) 改革完善农产品价格形成机制

坚持市场化改革取向和保护农民利益并重,完善粮食等重要农产品价格形成机制。继续执行并完善稻谷、小麦最低收购价政策。积极稳妥推进东北地区玉米收储制度改革。加强农产品成本调查和国内外价格监测分析,提高农产品市场和进出口调控的有效性,依法开展贸易救济调查。(国家发展改革委、财政部、农业部、商务部、国家粮食局等负责)

(八) 健全新型农业经营主体支持政策

完善财税、信贷、保险、用地、项目支持等政策,培育发展家庭农场、专业大户、农民合作社、农业产业化龙头企业等新型农业经营主体。探索开展粮食生产规模经营主体营销贷款改革试点。健全土地流转服务体系，引导农民以多种方式流转承包土地的经营权。加强农民合作社规范化建设，相关扶持政策向规范化、示范性农民合作社倾斜。支持龙头企业转型升级，强化科技研发，创新生产管理和商业模式。支持各类农业社会化服务组织发展，推广农业生产经营环节服务外包、土地托管、代耕代种、联耕联种等综合服务模式，建设一批集收储、烘干、加工、配送、销售等于一体的粮食服务中心。（农业部、国家发展改革委、财政部、国土资源部、人民银行、银监会、保监会、国家粮食局等负责）

（九）加强农村金融服务

加快构建多层次、广覆盖、可持续的农村金融体系，发展农村普惠金融。鼓励大中型商业银行加强对"三农"的金融支持，提升服务"三农"能力。创新村镇银行设立模式，支持民间资本参与发起设立村镇银行，提高覆盖面。规范发展农村合作金融，鼓励符合条件的农民合作社开展内部信用合作。积极引导互联网金融、产业资本开展农村金融服务。推进农村信用体系建设，健全农户、农民合作社、农村小微企业等信用信息征集和评价体系。有序推进农村承包土地的经营权和农民住房财产权抵押贷款试点，鼓励银行业金融机构在风险可控和商业可持续的前提下扩大农业农村贷款抵押物范围。（人民银行、银监会、证监会、农业部、国家林业局等负责）

（十）创新农业保险产品和服务

把农业保险作为支持农业发展和农民增收的重要手段，建立健全农业保险保障体系，从覆盖直接物化成本逐步实现覆盖完全成本。健全农业保险基层服务体系，形成适度竞争的市场格局。进一步发展关系国计民生和国家粮食安全的农作物保险、主要畜产品保险、重要"菜篮子"品种保险和森林保险，推广农房、农机具、设施农业、渔业、制种保险等业务。稳步开展主要粮食作物、生猪和蔬菜价格保险试点，探索天气指数保险和"基本险+附加险"等模式。探索发展适合农业农村特点的农业互助保险组织。鼓励各地区因地制宜开展特色优势农产品保险试点。加快建立农业保险大灾风险分散机制，增强对重大自然灾害风险的抵御能力。（保监会、财政部、农业部、国家林业局等负责）

（十一）探索财政撬动金融支农新模式

综合运用奖励、补贴、税收优惠等政策工具，加大对"三农"金融服务的政策支持，重点支持发展农户小额贷款、新型农业经营主体贷款、种养业贷款、粮食市场化收购贷款、农业产业链贷款、大宗农产品保险、林权抵押贷款等。落实县域金融机构涉农贷款增量奖励政策。加快建立覆盖全国的农业信贷担保体系。健全银政担合作机制。完善涉农贴息贷款政策，降低农户和新型农业经营主体融资成本。总结推广"财政补助、农户自缴、社会帮扶"等模式，引导成立多种形式的农民资金互助组织，有效提升农户小额信贷可得性。鼓励社会资本投资农业产业投资基金、农业私募股权投资基金和农业科技创业投资基金。推动建立农业补贴、涉农信贷、农产品期货、农业保险联动机制。（财政部、人民银行、银监会、证监会、保监会、农业部、国家林业局、国家粮食局等负责）

三、强化就业创业扶持政策，拓宽农民增收渠道

（十二）加强新型职业农民培育

健全新型职业农民教育培训、认定管理、政策扶持"三位

一体"培育制度，将职业农民培养成建设现代农业的主导力量。完善职业农民教育培训体系，加强涉农专业全日制学历教育，健全农业广播电视学校体系。实施新型职业农民培育工程，加强县级培训基地和农业田间学校建设，推进新型农业经营主体带头人培育行动。依托农业技术推广单位、涉农企业、农民合作组织、涉农职业院校和农林示范基地，围绕特色产业发展急需的关键技术开展培训。鼓励有条件的地方将新型职业农民纳入城镇职工社会保障体系。（农业部、教育部、人力资源社会保障部、国家林业局等负责）

（十三）完善城乡劳动者平等就业制度

推动形成平等竞争、规范有序、城乡统一的劳动力市场，落实农民工与城镇职工平等就业、同工同酬制度。从严查处克扣、拖欠农民工工资行为。完善覆盖城乡的公共就业服务制度，逐步实现城乡居民公共就业服务均等化。以新生代农民工为重点，实施农民工职业技能提升计划，提高职业培训针对性和有效性。加强农民工输出输入地劳务对接，积极开展有组织的劳务输出。支持农村社区组建农民劳务合作社，开展劳务培训和协作。在制定征地补偿安置方案时，要明确促进被征地农民就业的具体措施。（人力资源社会保障部、农业部、国土资源部等负责）

（十四）支持农民创业创新

大力发展农产品加工、休闲农业和乡村旅游、农村服务业等劳动密集型产业项目，推进农村产业融合发展。实施农民工等人员返乡创业培训五年行动计划，支持返乡创业园、返乡创业孵化园（基地）、信息服务平台、实训基地和乡村旅游创客示范基地建设。深入推行科技特派员制度。实施"互联网+"现代农业行动，大力发展农产品电子商务，提高农村物流水平。提升休闲农业和乡村旅游发展质量，改善公共服务设施条件。推动科技、人文等元素融入农业，积极探索农产品个性化定制服务、会展农业、农业众筹等新型业态。挖掘农村传统工匠技艺，发展一乡一业、一村一品，培育乡村手工艺品和农村土特产品品牌。（农业部、国家发展改革委、科技部、人力资源社会保障部、商务部、国家林业局、国家旅游局等负责）

（十五）鼓励规范工商资本投资农业农村

继续深化简政放权、放管结合、优化服务改革，积极引导工商资本投入农业农村。鼓励推广政府和社会资本合作模式，支持新型农业经营主体和工商资本投资土地整治和高标准农田建设。工商资本投资建设高标准农田、生态公益林等连片面积达到一定规模的，允许在符合土地管理法律法规和土地利用总体规划、依法办理建设用地审批手续、坚持节约集约用地的前提下，利用一定比例的土地开展观光和休闲度假旅游、农产品加工流通等经营活动。鼓励工商企业投资适合产业化、规模化、集约化经营的农业领域，积极发展现代种养业和农业多种经营。探索建立政府与社会合作共建和政府购买公益服务等机制，放宽农村公共服务机构准入门槛，支持工商资本进入农村生活性服务业。加强对工商企业租赁农户承包地的监管和风险防范，建立健全资格审查、项目审核、风险保障金制度。（国家发展改革委、财政部、国土资源部、水利部、农业部、商务部、国家林业局、国家旅游局等负责）

（十六）健全产业链利益联结机制

深入总结各地经验，引导龙头企业创办或入股合作组织，支持农民合作社入股或兴办龙头企业，发展农业产业化经营联合体。创新发展订单农业，支持龙头企业为农户提供贷款担保和技术服务，资助农户参加保险。探索建立新型农民合作社管理体系，拓展合作领域和服务内容。鼓励大型粮油加工企业与农户以供应链融资等方式结成更紧密的利益共同体。以土地、林地为基础的各种形式合作，凡是享受财政投入或政策支持的承包经营者均应成为股东方，并采取"保底收益+按股分红"等形式，让农户分享加工、销售环节收益。（农业部、国家林业局、国家粮食局、国家发展改革委、财政部等负责）

四、构建城乡一体化发展长效机制，释放农民增收新动能

（十七）深化农村集体产权制度改革

完善农村集体产权权能，加快农村承包地、林地、草原、"四荒地"、宅基地、农房、集体建设用地等确权登记颁证。实行农村土地所有权、承包权、经营权分置并行。继续推进农村土地征收、集体经营性建设用地入市、宅基地制度改革试点。完善农村土地征收制度，缩小征地范围，规范土地征收程序，完善对被征地农民合理、规范、多元保障机制。在符合规划、用途管制和依法取得前提下，推进农村集体经营性建设用地与国有建设用地同等入市、同权同价，建立兼顾国家、集体、个人的土地增值收益分配机制，合理提高个人收益。有序推进农村经营性资产股份合作制改革，以股份或份额形式量化到本集体经济组织成员。稳步推进农村集体资产股份权能改革试点。有效维护进城落户农民土地承包权、宅基地使用权、集体收益分配权，支持引导其依法自愿有偿转让上述权益。完善集体林权制度，引导林权规范有

序流转，鼓励发展家庭林场、股份合作林场。（农业部、国土资源部、国家林业局等负责）

（十八）激发农村资源资产要素活力

鼓励农村集体经济组织与工商资本合作，整合集体土地等资源性资产和闲置农房等，发展民宿经济等新型商业模式，积极探索盘活农村资产资源的方式方法。壮大村级集体经济实力，因地制宜采取资源开发利用、统一提供服务、物业管理、混合经营、异地置业等多种实现形式，增强自我发展、自我服务、自我管理能力和水平。建立农村产权流转交易平台，促进农村各类产权依法流转。（农业部、国土资源部、国家林业局、国家旅游局等负责）

（十九）充分发挥新型城镇化辐射带动作用

加快推进户籍制度改革，全面实施居住证制度，放宽农业转移人口落户条件。以县级行政区为基础，以建制镇为支点，深入推进农村产业融合发展试点示范工程，引导农村二三产业向县城、重点乡镇及产业园区等集中，发挥产业集聚优势。探索农村新型社区和产业园区同建等模式，带动农村产业发展和农民增收。完善城乡土地利用机制，全面推行城镇建设用地增加与农村建设用地减少相挂钩的政策，在资源环境承载力适宜地区开展低丘缓坡地开发试点。加快推进工矿废弃土地复垦利用。（国家发展改革委、公安部、国土资源部等负责）

五、健全困难群体收入保障机制，确保实现全面小康

（二十）强化精准扶贫、精准脱贫

持续加大扶贫综合投入力度，通过产业扶持、转移就业、易地搬迁、教育支持、健康扶贫、社保兜底等措施，因地制宜，

分类指导，精准施策，确保如期实现脱贫攻坚目标。将民生项目、惠民政策最大限度地向贫困地区倾斜，广泛动员社会各方面力量积极参与扶贫开发。实施贫困村一村一品产业推进行动。加大以工代赈投入力度，支持农村中小型公益性基础设施建设，增加贫困人口劳务报酬收入。强化贫困地区农民合作社、龙头企业与建档立卡贫困户的利益联结机制。深入实施乡村旅游、林业特色产业、光伏、小水电、电商扶贫工程。加大对贫困地区农产品品牌推介营销支持力度。（国务院扶贫办、农业部、人力资源社会保障部、国家发展改革委、教育部、国家卫生计生委、民政部、水利部、国家林业局、国家旅游局、国家能源局等负责）

（二十一）完善农村社会保障制度

完善城乡居民基本养老保险制度，健全多缴多得、长缴多得的激励约束机制，完善缴费补贴政策，引导农村贫困人口积极参保续保，逐步提高保障水平。整合城乡居民基本医疗保险制度，适当提高政府补助标准和个人缴费标准及受益水平。将符合条件的农村贫困家庭全部纳入农村低保范围，完善低保标准动态调整机制。进一步健全特困人员救助供养制度，合理确定农村特困人员救助供养标准。全面建立针对经济困难高龄、失能老年人的补贴制度。加强城乡各项养老保险制度、医疗保险制度的衔接，畅通参保人员双向流动的制度转换通道。（人力资源社会保障部、国家卫生计生委、民政部、财政部等负责）

六、加强组织领导

（二十二）落实地方责任

各地区要提高对促进农民增收重要性的认识，增强责任感和紧迫感，健全工作机制，结合当地实际进一步拓宽农民增收渠道，确保各项政策措施落到实处。选好配强村级领导班子，突出抓好村党组织带头人队伍建设，精准选派第一书记和驻村工作队，充分发挥他们在促进农民增收中的作用。（省级人民政府等负责）

（二十三）强化部门配合

各有关部门要根据本意见精神，按照职能分工，强化协同配合，加大工作力度，抓紧制定和完善具体政策措施。农业部、国家发展改革委要会同有关部门对本意见落实情况进行跟踪评估，及时向国务院报告。（农业部、国家发展改革委等负责）

国务院办公厅

2016 年 11 月 24 日

国务院关于激发重点群体活力带动城乡居民增收的实施意见

国发〔2016〕56 号

各省、自治区、直辖市人民政府，国务院各部委、各直属机构：

提高城乡居民收入是全面建成小康社会的重要内容，体现社会主义本质的必然要求。党的十八大提出，要千方百计增加居民收入。党的十八届三中全会提出，要形成合理有序的收入分配格局。党的十八届五中全会提出，在提高发展平衡性、包容性、可持续性的基础上，到 2020 年国内生产总值和城乡居民人均收入比 2010 年翻一番。按照党中央、国务院决策部署，为营造激励奋发向上的公平环境，拓宽就业渠道，促进各类社会群体依靠自身努力和智慧，创造社会财富，共享发展红利，现提出以下实施意见。

一、总体要求

（一）基本形势

改革开放以来，我国城乡居民收入保持持续较快增长，收入分配结构呈现向好趋势。从放权让利到允许一部分人、一部分地区先富起来，到要素参与分配，适应我国国情的分配制度基本确立，收入分配政策推动了经济社会发展，促进了各类社会群体依靠自身努力和智慧，创造社会财富，共享发展红利，为深化改革开放注入了动力和活力。

当前，经济运行的新常态特征更加明显，新技术、新产业、新业态加速成长，培育壮大新动能，改造提升传统动能，正在不断创造出新的就业岗位，为促进城乡居民收入稳定增长提供了有力支撑。但受国内外多重因素影响，经济下行压力也正在向收入分配领域传导。既要降低经济运行成本、保持经济中高速增长，又要提高居民收入、不断增进人民福祉，实现居民收入增长和经济增长同步、劳动报酬提高和劳动生产率提高同步任重而道远。同时，部分劳动者人力资本积累不足、增收困难，部分市场主体等待观望，部分地区行业收入增长潜在动能不强，部分收入分配政策指向宽泛、聚焦不够。为推动解决相关问题，必须进一步深化收入分配制度改革，调整优化收入分配政策，拓宽就业创业渠道，努力营造激励奋发向上的公平环境。

（二）指导思想

全面贯彻落实党的十八大和十八届三中、四中、五中全会精神，深入贯彻习近平总书记系列重要讲话精神，统筹推进"五位一体"总体布局，协调推进"四个全面"战略布局，牢固树立和贯彻落实创新、协调、绿色、开放、共享的发展理念，按照党中央、国务院决策部署，坚持以人民为中心的发展思想，做到发展为了人民、发展依靠人民、发展成果由人民共享。围绕加快实施创新驱动发展战略、推动大众创业万众创新、培育发展新动能、改造提升传统动能，着力推进供给侧结构性改革，不断深化简政放权、放管结合、优化服务改革，进一步深化收入分配制度改革，强化收入分配政策激励导向，分群体施策，不断激发全体劳动者的积极性、主动性、创造性，实现经济增长与居民增收互促共进，使全体人民在共建共享发展中有更多获得感，朝着共同富裕方向稳步前进。

（三）基本原则

坚持多种激励方式相结合。物质激励和精神激励并用，综合运用增加薪资报酬、强化权利保护、优化评优奖励、提升职业技能、增进社会认同等多种激励手段，调动不同群体的积极性、主动性和创造性。完善绩效考核制度，将激励与考核挂钩。

坚持多条增收渠道相结合。多管齐下，不断拓展居民增收渠道，努力提高工资性、经营性收入，合理提高转移性收入，有效保护股权、债权、物权和知识产权等无形财产权益，着力增加居民财产性收入。

坚持促增收与降成本相结合。有效降低社会保险费率等劳动用工成本和阻碍劳动力流动的制度成本，助力各类市场主体轻装上阵，增加就业吸纳能力，切实将居民收入提高建立在经济发展质量效益提升、劳动生产率提高、企业综合成本降低的基础上。

坚持鼓励创收致富与缩小收入差距相结合。在初次分配中鼓励全体劳动者通过诚实劳动、辛勤劳动、创造性劳动创收致富，同时完善税收、社会保障等再分配调节手段，规范收入分配秩序，切实保障困难群众基本生活，有效抑制通过非市场因素获利，不断缩小不同群体间的收入差距。

坚持积极而为与量力而行相结合。在集中更多财力保障民生的同时，综合考虑国情、发展阶段、经济周期等因素，制定财力支撑可持续、社会预期可把握的目标任务和政策措施，不吊胃口、不养懒汉，切实将福利水平提高建立在经济和财力可持续增长的基础上，通过大众创业万众创新激发创造活力，增强居民收入增长的可持续性。

（四）主要目标

到 2020 年，城镇就业规模逐步扩大，劳动生产率不断提高，就业质量稳步提升；城乡居民人均收入比 2010 年翻一番；宏观收入分配格局持续优化，居民可支配收入占国内生产总值（GDP）的比重继续提高；居民内部收入差距持续缩小，中等收入者比重上升，现行标准下农村贫困人口全部实现脱贫，共建共享的格局初步形成。

二、实施七大群体激励计划

瞄准技能人才、新型职业农民、科技人员等增收潜力大、带动能力强的七大群体，深化收入分配制度改革，在发展中调整收入分配结构，推出差别化收入分配激励政策。持续推动大众创业万众创新，创造更大市场空间和更多就业岗位，着力营造公开公平公正的体制机制和竞争环境，不断培育和扩大中等收入群体，逐步形成合理有序的收入分配格局，带动城乡居民实现总体增收。

（一）技能人才激励计划

完善多劳多得、技高者多得的技能人才收入分配政策，引导加大人力资本投资，提高技能人才待遇水平和社会地位，大力弘扬新时期工匠精神，培养高水平大国工匠队伍，带动广大产业工人增技能、增本领、增收入。

完善技术工人薪酬激励机制。优化职业技能标准等级设置，向上增加等级级次，拓宽技术工人晋升通道。引导企业合理确定技术工人薪酬水平，促进高等级技术工人薪酬水平合理增长。加大对技能要素参与分配的激励力度，探索建立企业首席技师制度，鼓励企业采取协议薪酬、持股分红等方式，试行年薪制和股权制、期权制，提高技能人才收入水平。

贯通职业资格、学历等认证渠道。统筹考虑技能培训、职业教育和高等教育，建立职业资格与相应的职称、学历可比照认定制度。完善职业资格与职业教育学历"双证书"制度。研究制定高技能人才与工程技术人才的职业发展贯通办法。健全青年技能人才评价选拔制度，适当突破年龄、资历和比例等限制，完善高技能人才评价使用机制。

营造崇尚技能的社会氛围。定期组织开展全国性或区域性技术大赛或岗位练兵，大力宣传劳动模范、大国工匠和技术创新人才。鼓励地方对重点领域紧缺的技术工人在大城市落户、购租住房、子女上学等方面予以支持。培育精益求精的工匠精神，支持技能人才分享品质品牌增值收益。

（二）新型职业农民激励计划

在加快推进新型城镇化、有序推进农业转移人口市民化的同时，加大对新型职业农民的培育和支持力度，加快职业化进程，带动广大农民共享现代化成果。

提高新型职业农民增收能力。将新型职业农民培育纳入教育培训发展相关规划，支持职业学校办好涉农专业，定向培养新型职业农民，完善国家助学和培训补贴政策，鼓励农民通过"半农半读"等方式就地就近接受职业教育培训。继续实施新型职业农民培育工程、现代青年农场主计划等项目，启动新型农业经营主体带头人轮训计划，努力提高妇女参训比例。

挖掘现代农业增收潜力。鼓励农民采用节本增效技术，培育农业社会化服务组织，支持农业废弃物资源化利用，降低农业生产成本。加快建立农业信贷担保体系，改进农业保险产品和服务，支持农民发展现代农业。完善农产品初加工补助政策，促进农产品深加工向优势产区和关键物流节点集中，支持优势产区产地批发市场建设，延长农业产业链条。扶持发展一乡（县）一业、一村一品，培育农业科技创新应用企业集群，引导产业集聚发展。推动"互联网+"现代农业，大力发展农产品电子商务，探索农业新型业态。推动农业全产业链改造升级，鼓励农民共享一二三产业融合发展的增值收益，增加经营性收入。

拓宽新型职业农民增收渠道。积极培育家庭农场、专业大户、农民合作社、农业企业等新型农业经营主体和农业社会化服务主体，发展适度规模经营。支持农民工、大学生等人员返乡创业，推进土地经营权入股发展农业产业化经营试点。稳步推进农村集体产权制度改革，发展多种形式的股份合作，推进农村集体资产股份权能改革试点，完善农村集体经济组织相关政策和法律规定，发展壮大农村集体经济，探索将财政资金投入农业农村形成的经营性资产折股量化到户。加快推进农村土地征收、集体经营性建设用地入市、宅基地制度改革试点，多渠道增加农民集体和个人分享的增值收益、股权收益、资产收益。

（三）科研人员激励计划

深化事业单位分类改革，实行以增加知识价值为导向的激励机制，提高科研人员成果转化收益分享比例，通过工资性收入、项目激励、成果转化奖励等多重激励引导科研人员潜心研究工作，激发科技创新热情。

完善工资水平决定机制。在加强行业薪酬调查和信息发布基础上，探索建立体现行业特点的高校、科研机构薪酬调查比较制度。鼓励科研事业单位聘用高端科研人员实行协议薪酬。赋予科研单位更大的人财物支配权，保障科研人员的合理工资待遇水平。

改进科研项目及其资金管理。发挥科研项目资金对科研人员的激励引导作用。全面取消劳务费比例限制，调整劳务费开支范围。完善间接费用管理，项目承担单位结合一线科研人员实际贡献公开公正安排绩效支出。改进项目结转结余资金管理办法。下放科研项目部分经费预算调整审批权，砍掉科研管理中的繁文缛节，推行有利于人才创新的经费审计方式，充分尊重智力劳动的价值和科研规律。

健全绩效评价和奖励机制。深入落实促进科技成果转化法，完善单位内部科技成果转化中对科研人员进行现金和股权、期权奖励办法。实施国有科技型企业股权和分红激励。探索完善科研人员股权奖励个人所得税递延纳税政策。鼓励企事业单位提供资金、资源支持职工创新，营造宽容失败、勇于突破的创新氛围。鼓励社会资本设立专项奖励基金，补偿优秀科研人员的智力投入。多渠道募资，加大对基础性和前沿性科研课题的长期资助力度，加大对青年科研人才的创新奖励力度。对社会科学研究机构和智库推行政府购买服务制度。加大对科技创新成果的知识产权保护力度。

（四）小微创业者激励计划

进一步降低创业成本，健全创新创业成果利益分配机制，在更大范围、更高层次、更深程度上推进大众创业万众创新，引导和支持小微创业者在"双创"中实现创收致富。

清除创业壁垒，提升创业参与率。深化商事制度改革，支持各地结合实际放宽新注册企业场所登记条件限制，推动"一址多照"、集群注册等住所登记改革。优化审批流程，推行"一表申请、一窗受理、一次告知"。

加大扶持力度，提高创业成功率。支持并规范多层次、专业化创业服务平台建设，建设一批高水平的"双创"示范基地。完善通过政府采购促进中小企业发展的政策措施，通过评审优惠、预留份额等方式对包括初创企业在内的小微企业加大扶持力度。落实扶持创业的各项优惠政策。对创业失败的失业登记人员及时提供各种就业服务。

探索创业成果利益分配机制。进一步完善创新型中小企业上市股权激励和员工持股计划的制度规则。研究完善商业模式知识产权保护制度，研究制定文化创意等创新成果保护办法，加大小微企业知识产权维权援助工作力度。加快建设全国知识产权运营公共服务平台，完善知识产权质押融资等金融服务机制。依法查处垄断行为，鼓励龙头企业与小微创业者探索分享创业成果新模式，支持有实力的企业承担技术服务、信息服务等公共平台功能。支持自由职业者的智力创造和高端服务，使其能够获得与智力付出相匹配的合理回报。

（五）企业经营管理人员激励计划

完善产权保护制度、依法保护产权，进一步稳定预期、优化环境，激发企业家创业热情，推动经济增长、就业增加、效益提升、职工增收实现良性互动。

完善国有企业经营管理人员激励方式。完善对组织任命的国有企业负责人的薪酬激励机制，合理确定基本年薪、绩效年薪和任期激励收入。研究制定在国有企业建立职业经理人制度的指导意见，对市场化选聘的职业经理人实行市场化薪酬分配机制，采取多种方式探索完善中长期激励机制。稳妥有序推进混合所有制企业员工持股试点，探索通过实行员工持股建立激励约束长效机制。

强化民营企业家创业激励。消除各种隐性壁垒，解决政策执行中存在的"玻璃门"、"弹簧门"、"旋转门"等问题，鼓励民营企业家扩大投资，参与国有企业改革。坚持依法平等保护产权，严肃查处侵犯非公有制企业和个人合法权益、合法经营、合法收入的行为，营造公平、公正、透明、稳定的法治化环境。规范司法程序，严格执行先定罪后没收或处置嫌疑人财产的规定，最大限度减少对涉案非公有制企业正常生产经营活动的影响。减少对企业点对点的直接资助，增加普惠性政策，促进公平竞争。

（六）基层干部队伍激励计划

完善工资制度，健全不同地区、不同岗位差别化激励办法，建立阳光化福利保障制度，充分调动基层干部队伍工作积极性，同步完善相关人员激励机制。

完善工资制度。提高基本工资在工资性收入中的比重，落实基本工资正常调整机制。完善作为激励手段和收入补充的津贴补贴制度。落实艰苦边远地区津贴标准正常调整机制。实施地区附加津贴制度，根据地区经济社会发展、物价消费水平等差异，适当参考企业相当人员工资水平，将规范后的工作性津贴和生活性补贴纳入地区附加津贴，实现同城同待遇。推进公务员工资调整制度化，定期开展公务员和企业相当人员工资水平的调查比较。

健全差别化激励机制。建立健全公务员绩效考核体系，考核结果与工资收入挂钩。完善公务员奖金制度，强化省级政府统筹调控责任。赋予地方一定的考核奖励分配权，重点向基层一线人员和业绩突出人员倾斜。完善公务员职务与职级并行制度，充分发挥职级对基层公务员的激励作用。

明确福利标准和保障范围。明确应享有的各项福利待遇名称、发放标准及发放范围。推进公务员职务消费和福利待遇货币化改革，规范改革性补贴，形成以货币福利为主，实物福利为补充的福利体系，实现阳光透明操作，接受社会监督。符合条件的乡镇公务员可以按规定纳入当地住房保障范围，为符合条件的公立医院医务人员就近提供公租房保障。

（七）有劳动能力的困难群体激励计划

鼓励引导低保对象、建档立卡贫困人口以及残疾人等困难群体中具备劳动能力和劳动条件者提升人力资本，主动参加生产劳动，通过自身努力增加收入。

推进产业扶贫济困。实施贫困村"一村一品"产业推进行动。强化贫困地区农民合作社、龙头企业与建档立卡贫困户的利益联结机制。深入实施电商、旅游、光伏扶贫工程。加大对贫困地区农产品品牌推介营销支持力度。引导和支持贫困地区青年通过发展电子商务增收致富。

建立低保与就业联动机制。鼓励、引导具备就业能力的困难人员积极就业，增强其就业动力。对实现就业的低保对象，在核算其家庭收入时，可扣减必要的就业成本。具备劳动能力、劳动条件但未就业的低保对象，无正当理由连续3次拒绝接受有关部门介绍的与其健康状况、劳动能力相适应的工作的，可减发或停发其本人的低保金。

完善相关专项救助制度。加强专项救助制度与低保救助制度的统筹衔接，在重点保障城乡低保对象、特困人员的基础上，将医疗、教育、住房等专项救助向建档立卡贫困户家庭、低收入家庭或其他有特殊困难的家庭延伸，形成阶梯式救助模式。

三、实施六大支撑行动

坚持按劳分配为主体、多种分配方式并存，坚持初次分配和再分配调节并重，完善劳动、资本、知识、技术、管理等要素按贡献参与分配的初次分配机制，健全以税收、社会保障、转移支付为主要手段的再分配调节机制，以就业促进、技能提升、托底保障、增加财产性收入、收入分配秩序规范、收入监测为重点，制定综合配套政策，为实现城乡居民增收提供服务支撑、能力支撑和技术支撑。

（一）就业促进行动

全面提升就业岗位创造能力。推动经济向中高端水平迈进、生产制造向生产服务延伸，创造更多高质量的就业机会。鼓励新型劳动密集产业发展，引导和支持沿海劳动密集型产业向中西部地区有序转移。鼓励发展家政、养老、护理等生活性服务业和手工制作等民族地区特色产业，吸纳更多中低技能劳动者特别是建档立卡贫困户家庭劳动者就业。推动上游能源原材料行业脱困发展，稳定就业岗位。大力发展城乡社区服务，扩大劳动力市场的包容性。

有效提升劳动力市场流动能力。推进户籍、住房、教育、社会保障等制度改革，消除制约劳动力流动就业的体制机制障碍。充分发挥中心城市、新兴产业带动效应，吸纳更多困难地区、困难行业劳动力跨地区、跨行业、跨所有制流动就业。总结推广返乡创业试点经验，引导劳动力由东向西、由劳务输入地向输出地回流，创造更多就地就近就业机会。

不断提升劳动力市场供求匹配能力。健全覆盖城乡的公共就业创业服务体系，全面提升公共就业创业服务水平。完善失业登记办法，建立健全公共就业服务提供机制，保障城镇常住人员享有与本地户籍人员同等的劳动就业权利。加强人力资源市场建设，探索利用移动互联网等现代信息技术手段及时发布劳动力市场供求信息，全面提高公共就业服务效能。积极打造人力资源服务全产业链，在产业集聚、创业创新集中地区，支持建设一批包括招聘、培训、薪酬、咨询、健康服务等多位一体、一站式管理、订单式服务的人力资源产业园。

（二）职业技能提升行动

加强职业技能实训基地建设。分类指导建设一批布局合理、功能突出、高效实用的多层次职业技能实训基地。加大政府支持力度，鼓励社会投资，放宽职业技能培训教育机构外资准入限制，改善实训条件，提高实训效能。

推行企业新型学徒制。企校结合，推行以"招工即招生、入企即入校、企校双师联合培养"为主要内容的企业新型学徒制。实施技师培训项目，加快急需紧缺工种高技能人才培养，为培育支柱产业和战略性新兴产业提供人才支撑。

完善职业技能培训体系。实施以新生代农民工为重点的职业技能提升计划，开展农村贫困家庭子女、未升学初高中毕业生、农民工、退役军人免费接受职业培训行动。以就业为导向对困难人员实施职业培训，把职业技能培训和推荐就业安置紧密结合起来。加大青年就业见习工作力度，帮助青年获得相应工作经验或经历，提高就业竞争力。

（三）托底保障行动

完善基本生活保障制度。完善最低工资保障制度。加大转移支付力度，着力提高低收入者收入。健全低保制度，完善低保对象认定办法，建立健全低保标准动态调整机制，在保障家庭基本生活的同时，兼顾就业激励目标。

提升精准兜底保障能力。完善多层次的救助体系，积极发展医疗、教育、住房、就业等专项救助和临时救助，确保面临特定困难的人员获得相应救助。探索将支出型贫困家庭纳入救助范围。

扩大基本保障覆盖范围。完善社会保障制度,实施全民参保计划,基本实现法定人员全覆盖。将城镇私营单位在岗职工平均工资纳入缴费基数统计口径范围,形成合理的社会保险和住房公积金缴费基数,避免对低收入群体的制度性挤出。划转部分国有资本充实社保基金,加大国有资本收益补贴社会保障力度,化解社会保险基金缺口等长期风险。积极发展慈善事业。

(四)财产性收入开源清障行动

拓宽居民财产投资渠道。在风险可控的前提下,加快发展直接融资,促进多层次资本市场平稳健康发展。加强金融产品和金融工具创新,改善金融服务,向居民提供多元化的理财产品,满足居民日益增长的财富管理需求。

加强对财产性收入的法治保障。加强资本市场诚信和透明度建设,完善上市公司信息披露、财务管理和分红制度,切实维护中小投资者利益。在拆迁、征地、征用公民财产过程中,依法保护公民财产权利不受侵犯。

合理调节财产性收入。平衡劳动所得与资本所得税负水平,着力促进机会公平,鼓励更多群体通过勤劳和发挥才智致富。完善资本所得、财产所得税收征管机制。

(五)收入分配秩序规范行动

规范现金管理。推行非现金结算。全面推行银行代发工资模式。

堵塞非正规收入渠道。继续遏制以权力、行政垄断等非市场因素获取收入,取缔非法收入。

进一步发挥税收调节收入分配的作用。健全包括个人所得税在内的税收体系,逐步建立综合和分类相结合的个人所得税制度，进一步减轻中等以下收入者税收负担，发挥收入调节功能，适当加大对高收入者的税收调节力度。完善鼓励回馈社会、扶贫济困的税收政策。

（六）收入监测能力提升行动

建立个人收入和财产信息系统。在确保信息安全和规范利用的前提下，多渠道、多层级归集居民和非居民个人的收入、财产等相关信息，运用大数据、云计算等技术，创新收入监测方式方法，提升居民收入信息监测水平。

完善收入分配统计与核算。完善居民收入分配相关统计指标，增加群体分类。加快建立电子化居民收入调查统计系统。加强中等收入者标准研究。加强国民总收入（GNI）核算和境外净要素收入统计。

建立收入分配政策评估体系。建立宏观经济、相关政策和微观数据的综合评估机制，对有关政策的执行情况和效果进行评估。借鉴国际经验，引入收入分配微观模拟模型。

四、强化组织实施

（一）加强协调配合

充分发挥深化收入分配制度改革部际联席会议的统筹协调作用，形成政策合力，将重点群体增收激励计划落到实处。各地区可根据实际情况，研究制定本地区促进居民增收的具体办法，建立健全统筹协调工作机制，对重点群体实施精准激励。

（二）鼓励先行先试

选择部分省（区、市）开展城乡居民增收综合配套政策试点。选择部分地区和科研单位开展专项激励计划和收入监测试点。定期总结试点经验，重点提出可复制、可推广的经验做法和政策措施。

（三）加强督查考核

各地区、各部门要把落实收入分配政策、增加城乡居民收入作为重要任务，对各项具体细化措施和试点方案建立评估评价机制，每年进行专项和综合考核。深化收入分配制度改革部际联席会议要适时组织开展专项督查，确保各项政策措施落到实处。

（四）加强舆论引导

营造鼓励增收致富的良好社会环境，大力弘扬勤劳致富精神，加强依法保护产权、弘扬企业家精神、改善民生等方面的舆论引导，做好政策解读和宣传，不断激发全体劳动者的积极性、主动性、创造性。

国务院

2016 年 10 月 10 日

附 录

农业部办公厅关于加强农民创新创业服务
工作促进农民就业增收的意见

农办加〔2015〕9号

各省、自治区、直辖市及计划单列市、新疆生产建设兵团农产品加工业、休闲农业、乡镇企业管理部门：

为深入贯彻《国务院办公厅关于发展众创空间推进大众创新创业的指导意见》精神，进一步营造良好的农民创新创业环境，激发农民创新活力和创业潜力，促进农民就业增收，现就加强农民创新创业服务工作提出如下意见。

一、深刻认识农民创新创业服务工作的重要意义

农民是新常态、新阶段背景下推动"大众创业、万众创新"中人数最多、潜力最大、需求最旺的重要群体。改革开放以来，我国农民创新创业蓬勃兴旺，不断为发展现代农业、壮大二三产业、建设新农村和推进城乡一体化作出贡献，涌现出一大批卓有建树的企业家和懂经营、善管理、素质高、沉得下、留得住的农民创新创业骨干队伍。与此同时，各地主管部门认真履责、主动作为，推动农民创新创业服务工作广泛开展。但就整

体而言，农民创新创业服务能力尚待提高，服务体系尚不健全，制约了农民创新创业开展。

各地实践表明，加强农民创新创业服务工作，有利于以创新引领创业、以创业带动就业，吸引各种资源要素和人气向农村聚集，培植农产品加工业、休闲农业和农村二三产业新增长点；有利于构建现代农业产业体系、生产体系和经营体系，推动农村一二三产业融合发展，促进农民就业增收；有利于筑牢新农村和小城镇产业支撑，促进城乡发展一体化，推动稳增长、调结构、促改革、惠民生。因此，必须把加强农民创新创业服务工作作为主管部门的重要职责，进一步增强责任感使命感，下大力气、形成合力、抓紧抓好。

二、正确把握农民创新创业服务工作的总体要求

加强农民创新创业服务工作，要认真贯彻落实党中央、国务院关于促进农民创新创业的一系列方针政策，坚持政府推动、政策扶持、农民主体、社会支持相结合，在农村和城乡一体化区域范围内，利用平台建设、政策扶持、创业辅导、公共服务、宣传推介等主要手段，以农村能人、返乡农民工、退役军人和大学生村官创办农产品加工业、休闲农业、民俗民族工艺产业和农村服务业为重点，以营造良好农民创新创业生态环境为目标，以激发农民创新创业活力为主线，探索走出示范先行、积累经验、辐射带动、整体推进的新路子，建立完善农民创新创业服务体系，孵化培育一大批农村小型微型企业，促进农民创新创业群体高度活跃，推动农民创新创业文化氛围更加浓厚。

要坚持市场导向，尊重农民的主体地位，鼓励社会资本支

持农民创业。坚持政策扶持，降低创新创业门槛，着力培育创新人才和创业带头人。坚持因地制宜，发挥"三农"资源特色优势，不断拓宽创新创业领域。坚持就地就近，将农民创业与新农村建设、小城镇产业支撑、现代农业发展和区域经济特色结合起来，优化资源配置。坚持典型带动，激励成功与宽容失败相结合，形成点创新、线延伸、面推广的格局。坚持改革创新，推动"产学研推用"协同创新，提供农民创新创业体制和机制保障。坚持绿色低碳，鼓励发展资源节约、环境友好型产业和产品，助力生态文明建设和绿色化发展。坚持艰苦创业，大力倡导弘扬乡镇企业想尽千方百计、说尽千言万语、受尽千辛万苦、走尽千山万水的"四千精神"，培育企业家精神，提高创新创业效率。

三、认真推动落实促进农民创新创业的扶持政策

对农民引进新业态、新技术、新产品、新模式进行创新和农民利用自身积累、发现机会、整合资源、适应市场需求创办的小型微型企业，要为其积极争取平等待遇，享受现有扶持创新创业、小型微型企业、"三农"金融支持和强农惠农富农的一系列政策措施，正在实施的农产品初加工设施补助政策、关键技术推广、休闲农业示范创建等要向农民创新创业倾斜。整合统计直报点和农民创业联系点，建立一批"农民创新创业环境和成本监测点"，发布"农民创新创业环境和成本监测分析报告"。对于那些促进农民创新创业政策环境好、服务优、意识强、氛围浓、农民创新创业活跃指数高、效果显著的县建成农民创新创业示范县。通过经验总结、模式研究、案例分析等手段，树立一批可借鉴、可复制、可推广的典型，引领更多的地

方政府为农民创新创业创设政策、降低门槛、改善环境、提供服务。

四、努力搭建农民创新创业示范基地

支持和鼓励各类企业和社会机构利用现有乡镇工业园区、闲置土地、厂房、校舍和批发市场、楼宇、商业街、科研培训设施，为农民创新创业提供孵化服务，按照标准建成设施完善、功能齐全、服务周到的农民众创空间和农民创新创业示范基地。鼓励知名乡镇企业、小康村、农产品加工企业、休闲农业企业等为农民创新创业提供实习、实训和见习服务，按照标准建成农民创新创业见习基地。

五、进一步强化农民创新创业培训辅导

联合大专院校探索实行"理论学习+实践教学"的分段培养模式，争取为农民创新创业制定专门培养计划。依托现有乡镇企业、农产品加工业和休闲农业培训机构，开展农民创新创业指导师、农民创新创业辅导员培训，建设一支专家导师（须为大专院校、科研院所专家）、企业家导师（须为企业生产经营管理人员）为主体的农民创新创业指导人员队伍。广泛组织农民创新创业、技术能手、职业技能培训，不断提升创新创业农民的综合素质、创业能力和技能水平，鼓励农民发展新业态、新技术、新产品，创新商业模式，大力发展"互联网+"和电子商务，引导各类农民创新创业主体与电商企业对接，培育农民电商带头人，对于那些创业成功、示范带动作用明显的农民创新创业者，按照标准将其培育成农民创新创业之星。

六、积极提供农民创新创业各类专业服务

依托现有的乡镇企业（中小企业）服务中心、创业服务中心等服务机构，通过政府购买服务、项目招投标等方式健全服务功能，整合社会资源，为农民创新创业提供包括政务、事务等专业和综合类的服务。要充分发挥大专院校、科研院所、行业协会和社会中介组织的作用，开展研发设计、检验检测、技术咨询、市场拓展等行业综合服务以及信息、资金、法律、知识产权、财务、咨询、技术转移等专业化服务。要加强法律援助，协助农民创新创业中遇到的解纷。同时充分发挥重点乡镇企业、农产品加工龙头企业、休闲农业示范企业、小康村、大型农贸市场和乡镇工业园区的作用，组织创新创业农民与其对接，形成企业带动、名村带动、市场带动和园区带动农民创新创业的格局，真正做到"扶上马，送一程"。

七、不断探索农民创新创业融资模式

探索由各级农产品加工业、休闲农业、乡镇企业协会和中介组织牵头，吸引相关的投资机构、金融机构、企业和其他社会资金建立农民创新创业发展基金。培育一批天使投资人，引入风险投资机制，发挥多层次资本市场作用，为创新创业农民提供投融资、担保、质押等多种方式的综合金融服务。加强与金融机构的合作，为农民创新创业提供低息、贴息贷款以及方便、高效的金融服务，不断降低农民创新创业的融资成本。

八、切实提高加强农民创新创业服务工作的指导水平

各地要高度重视推进农民创新创业服务工作，加强对农民创新创业服务工作的组织领导。农业部农村社会事业发展中心（农业部乡镇企业发展中心）要制定具体实施方案加以推进；各级农产品加工业、休闲农业、乡镇企业主管部门要分别制定工作方案加以实施，要加强与相关部门的工作协调，研究加强农

民创新创业服务工作的政策措施。同时，充分发挥中国乡镇企业协会等社团组织的作用，帮助解决农民创新创业中的问题和困难，组织宣传推广农民创新创业的奋斗历程和成功经验，推介一批示范典型，不断激发农民的创新创业潜力，让农村大众创业、万众创新蔚然成风。

农业部办公厅

2015 年 3 月 30 日

国务院办公厅关于进一步做好
减轻农民负担工作的意见

国办发〔2012〕22号

各省、自治区、直辖市人民政府，国务院各部委、各直属机构：

近年来，随着国家强农惠农富农政策实施力度的逐步加大和农民负担监管工作的不断加强，农民负担总体上保持在较低水平，由此引发的矛盾大幅减少，农村干群关系明显改善。但最近一个时期以来，一些地方对减轻农民负担工作重视程度有所下降，监管力度有所减弱，涉农乱收费问题不断出现，向农民集资摊派现象有所抬头，惠农补贴发放中乱收代扣问题时有发生，一事一议筹资筹劳实施不够规范，部分领域农民负担增长较快。为进一步做好减轻农民负担工作，切实防止农民负担反弹，经国务院同意，现提出如下意见：

一、明确减轻农民负担工作的总体要求

做好减轻农民负担工作，要全面贯彻落实科学发展观，以维护农民合法权益为中心，以规范涉农收费为重点，以强化监督检查为手段，将农民负担监管工作融入到统筹城乡发展、加强农村社会管理、落实强农惠农富农政策中，将农民负担监管领域向农村基础设施建设、农村公共服务、农业社会化服务等方面延伸，创新监管思路、拓展监管范围、强化工作措施、加强制度建设，严格禁止各种不合理收费和集资摊派，坚决纠正违反政策规定加重农民负担的行为，确保农民负担继续控制在较低水平，促进农村社会和谐稳定。

二、严格管理涉农收费和价格

面向农民的行政事业性收费必须严格按照法律法规和国务院相关规定收取，严禁向农民"搭车"收费或摊派各种费用。严格执行涉农收费文件"审核制"，防止出台加重农民负担的政策文件；全面推进涉农收费和价格"公示制"，及时更新公示内容、创新公示形式，提高收费透明度。加强对农村义务教育、计划生育、农民建房、婚姻登记、生猪屠宰等领域乱收费的重点监督，深入开展行业专项检查，解决农民反映的突出问题。对农村义务教育阶段的学校，要坚持学生自愿征订教辅资料的原则，不得突破"一教一辅"；突出学生食堂的公益性，合理控制饭菜价格，不得按学期或年度向就餐学生收取餐费；严禁以赞助、捐助的名义向村级组织摊派教师工资和活动经费。对不符合有关法律规定生育子女的农民，除依法征收社会抚养费外，严禁收取其他费用。对依法利用农村集体土地新建、翻建自用住房的农民，除收取土地和房屋权属证书工本费外，严禁收取其他费用。对办理婚姻登记的农民，除收取婚姻登记证书工本费外，严禁收取其他费用。对生猪养殖户，严禁在屠宰环节多收乱收费用。对农民的各种补贴补偿款，不得抵扣和代缴其他费用，不得"搭车"收费或配售商品。要在总结农业综合水价改革试点经验的基础上，进一步完善有关政策措施，降低农民水费支出。

三、规范实施村民一事一议筹资筹劳

开展一事一议筹资筹劳，要充分尊重农民意愿，严格规范议事程序，准确界定适用范围，合理确定限额标准。各省级人民政府要进一步完善本地区村民一事一议筹资筹劳实施办法。从2013年开始，一事一议筹资筹劳限额标准按绝对数额确定。一事一议项目不需农民投工或农民投工难以完成的，不得筹劳；确需农民投工的，要按实际需要合理确定筹劳数量；自愿以资代劳的，要严格控制数量、比例及工价标准，防止用自愿以资代劳名义变相向农民筹资。完善一事一议筹资筹劳操作程序，按照民主议事、方案审核、政府补助、验收检查等环节操作，规范组织实施。加大专项检查力度，坚决纠正层层下放限额标准权限，乡镇统筹使用、县级集中管理一事一议筹资筹劳资金以及套取、挪用政府补助资金等违规问题。全面推进村级公益事业建设一事一议财政奖补工作，加大奖补力度，扩大奖补覆盖面，完善制度办法，促进村级公益事业健康发展。

四、深入治理加重村级组织和农民专业合作社负担问题

加强对向村级组织收费事项的日常审核监管，防止乱收费和各种摊派行为。严禁将应由政府承担的建设和服务费用、部门工作经费转由村级组织承担，严禁地方有关部门或单位委托村级组织向农民收取费用。村级组织不得擅自设立项目向农民收费，严禁用罚款和违规收取押金、违约金等方式来管理村务。严格执行村级组织公费订阅报刊"限额制"，禁止任何组织和个人向村级组织摊派发行报刊、图书和音像制品等出版物，逐步加大主要党报党刊向村级组织免费赠阅力度。加强农民专业合作社负担监管，深入治理乱收费、乱罚款和集资摊派等问题，加大动态监管和跟踪督查力度，推动落实各项优惠扶持政策。

五、建立和完善农民负担监管制度

抓紧建立健全涉及农民负担政策文件会签、信息公开和备

案制度，各级有关部门出台涉及农民负担的政策文件必须会签同级人民政府农民负担监管部门。全面推行农村基础设施建设项目审核制度，对各级部门实施的建设项目，应由政府投入的，要及时足额到位，不得向农民和村级组织摊派；需要农民筹资筹劳的，必须经过同级人民政府农民负担监管部门审核，防止向村级组织和农民转嫁负担。建立农民参与农村基础设施建设项目管理机制，提高农民民主议事能力和管理水平。进一步完善农民负担监督卡制度，及时更新内容，标明举报电话，便于农民监督和反映问题。建立和完善农民负担监测制度，扩大监测范围，提高监测质量，为政府决策提供科学依据。

六、加强涉及农民负担事项的检查监督

地方各级人民政府要对减轻农民负担政策落实情况和强农惠农富农政策落实中涉及农民负担情况进行年度检查，检查结果在适当范围内通报，对发现的问题要跟踪督办。要结合实际，选择突出问题和重点领域开展专项治理，强化治理措施，确保治理成效。有关部门要严格执行谁主管、谁负责的部门责任制，深入开展自查自纠，切实解决本系统、本部门加重农民负担问题。中央和省级有关部门要选择问题较多的市（地）、县，省级和市级有关部门也要选择问题较多的县、乡，联合开展农民负担综合治理，督促制定治理方案，排查突出问题，限期整改到位，切实防止区域性、行业性农民负担反弹。加大对涉及农民筹资筹劳事项的专项审计力度，及时公布审计结果，接受农民群众监督。进一步畅通农民负担信访渠道，加强综合协调，推动解决信访反映的重点难点问题。

七、严肃查处涉及农民利益的违规违纪行为

加大对涉及农民利益违规违纪问题的查处力度，对向农民、村级组织和农民专业合作社违规违纪收取的各种款项，坚决予以退还；对违规使用的农民劳务，按当地工价标准给予农民合理补偿；对擅自出台、设立涉及加重农民负担的文件和收费项目、建设项目，坚决予以撤销；对擅自提高的收费标准，坚决予以降低。严格实行农民负担责任追究制度，对违反政策规定，加重农民负担或影响强农惠农富农政策落实的相关责任人员，要依照有关规定予以严肃处理。

八、加强减轻农民负担工作的组织领导

地方各级人民政府要坚持主要领导亲自抓、负总责的工作制度，加强组织领导，层层落实责任，坚持实行减轻农民负担"一票否决"制度，继续保持减轻农民负担的高压态势，绝不能因为农业税的取消而思想麻痹，绝不能因为农民收入增加和农民负担水平下降而工作松懈。要健全减轻农民负担工作领导机构，加强队伍建设，保证工作经费，确保农民负担监管工作的顺利开展。要加强调查研究，及时掌握并妥善解决统筹城乡发展中涉农负担出现的新情况新问题，防止苗头性、局部性问题演变成趋势性、全局性问题。要加大对基层干部的宣传培训力度，不断提高其农村政策水平，增强服务能力。有关部门要加强对各地减轻农民负担工作情况的督导，及时通报结果。各省级人民政府要根据本意见的要求，结合本地实际，抓紧制定具体实施意见。

国务院办公厅

二〇一二年四月十七日

国家发展改革委、财政部关于清理
整顿涉农价格和收费的通知

发改价格〔2008〕1511号

各省、自治区、直辖市发展改革委、物价局、财政厅（局）：

近年来，各地全面推进农村综合改革，实施了一系列支农惠农政策，加强了涉农价格和收费监管，有效遏制了涉农乱涨价和乱收费行为，农民负担得到明显减轻。但是，当前减轻农民负担工作仍然面临着许多新情况、新问题，农民不合理负担仍然较重，有的地方还出现了反弹苗头。为认真贯彻党的十七大和《中共中央国务院关于切实加强农业基础建设进一步促进农业发展农民增收的若干意见》（中发〔2008〕1号）精神，积极推进社会主义新农村建设，促进农业稳定发展、农民持续增收，决定对涉农价格和收费进行全面清理整顿。现就有关事项通知如下：

一、清理整顿的原则

按照中央关于统筹城乡发展、工业反哺农业、城市支持农村的要求，各级价格、财政部门要对现行涉农价格和收费政策进行全面清理整顿。凡不利于农业生产、农民生活、农村发展的收费政策，要予以取消或废止；价格或收费标准过高的要予以降低。提供经营性服务必须坚持自愿原则，严禁强制服务并收费或只收费不服务的行为。要清理规范涉及农村基础设施建设的收费项目和标准，严禁有关部门和单位借新农村建设之名加重农民负担。

二、清理整顿的政策界限

（一）农村用水收费

清理整顿农业灌溉末级渠系水费收费秩序，严禁在国家规定的水价之外摊派或搭车收取其他不合理费用。进一步完善农业用水价格机制，逐步推行农业用水计量收费和面向农民的终端水价制度。农民使用本集体的水塘、水库中的水，家庭生活和畜禽饮用等少量取水，为农业抗旱等临时应急取水，以及直接从江河、湖泊或者地下取用水资源从事农业生产并符合省（区、市）规定的农业生产用水限额的，不缴纳水资源费。

（二）农村用电价格

已实行城乡用电同价的地区，农村用电与城市用电执行同一价格标准；未实行城乡用电同价的地区，应积极创造条件逐步实行城乡同价。在实施城乡用电同价前，省级价格主管部门要从严核定农村用电价格，防止分摊不合理成本并挤入农村电价。

（三）农村中小学教育收费

严格执行国务院有关规定，在全面免除学杂费的基础上，从 2008 年春季开学起对全国农村义务教育阶段学生免费提供教科书。除按规定收取作业本费、寄宿生住宿费和向自愿在校就餐学生收取伙食费外，农村义务教育阶段学校不得收取其他任何服务性收费和代收费。对学校教学和学生生活用电、用水、用气价格分别按居民用电、用水、用气价格执行，现行学校教学和学生生活用电、用水、用气价格低于居民类价格的，维持现行价格不变。严禁学校强制学生寄宿并收取寄宿费，严禁学校强制学生在校就餐并收取伙食费，严禁学校、教师举办或与社会办学机构合作举办向学生收费的各种培训班、补习班、提高班等有偿培训。

（四）办理身份证收费

公安机关对首次申领、换领第二代居民身份证的居民收取工本费每证 20 元，向遗失补领或损坏换领第二代居民身份证的居民收取工本费每证 40 元，向办理临时第二代居民身份证的居民收取工本费每证 10 元。除此之外，一律不得收取涉及二代居民身份证的快证费、加急费、照相费和邮寄费等收费项目。

（五）农民建房收费

农民利用集体土地新建、翻建自用住房时，除国土资源部门可以收取土地证书工本费和建设部门可以收取《房屋所有权登记证书》工本费外，其他行政事业性收费一律取消。在办理建房手续时，严禁强制或变相强制建房人接受咨询、设计、评估、代办等服务并收取费用。

（六）婚姻登记收费

婚姻登记管理机关在办理结婚登记过程中只能收取结婚证书工本费。离婚、解除夫妻关系证明书的收费标准按省级价格、财政部门的规定执行。严禁在办理婚姻登记过程中推介保险，搭售物品，收取押金、保证金，强行服务并收费等。

（七）计划生育收费

除按省级人民政府规定收取社会抚养费，按省级以上财政、价格部门规定收取行政事业性收费外，不得强制收取其他任何费用。对实施计划生育的育龄夫妻提供国家规定的计划生育技术服务实行免费政策。严禁有关部门和单位借开具准生（准育）**证明、出生证明和办理新生儿入户登记等手续搭车收费或强制**

服务并收费。

（八）殡葬服务收费

对遗体接运、存放、火化、骨灰寄存等基本服务实行政府定价或政府指导价，要明确相应的服务内容，合理制定收费标准。对其他非基本殡葬服务收费既要坚持自愿有偿原则，又必须严格控制成本加成，公开进价等成本资料，并事前提供包括服务项目、服务内容、收费标准等在内的服务清单，由丧属自愿选择，严禁强制服务并收费或不服务也收费行为。

（九）有线电视收费

严格执行国家发展改革委、国家广电总局发布的《有线电视基本收视维护费管理暂行办法》，强化成本监审、严格听证程序、合理制定或调整有线电视基本收视维护费标准。对农村有线电视用户的收费标准不得高于城市用户，同时要对低收入用户实行收费减免政策。

（十）畜禽防疫收费

根据国务院《关于促进生猪生产发展稳定市场供应的意见》（国发〔2007〕22号）规定，对列入国家一类动物疫病和高致病性猪蓝耳病实行免费强制免疫，对国家规定强制免疫以外的其他畜禽疾病防疫服务坚持自愿有偿原则。严禁强制服务并收费或不服务也收费行为。

清理整顿其他涉农价格和收费的政策界限，由各省、自治区、直辖市价格、财政部门按照各自职责确定。

三、清理整顿的工作步骤

清理整顿涉农价格和收费工作由各级价格、财政部门牵头会同农业、纠风等有关部门组织实施。为确保清理整顿工作取得实效，本次清理整顿工作分以下步骤进行：

（一）制定方案阶段（7月15日前）

各省、自治区、直辖市价格、财政部门要根据本通知精神，及时研究制定本行政区域内开展清理整顿涉农价格和收费的具体政策界限和工作方案，动员部署各市、县价格、财政部门全面启动清理整顿工作。

（二）摸底调查阶段（8月15日前）

采取深入农户调查、召开座谈会等多种方式，全面掌握了解涉农价格和收费政策执行情况、国家支农惠农政策落实情况以及当前减轻农民负担工作中存在的主要问题，明确此次清理整顿工作的重点和需要着重解决的问题。

（三）集中清理阶段（9月15日前）

各级价格、财政部门要根据摸底调查情况，会同有关部门对本行政区域内的涉农价格和收费政策文件进行全面梳理，按照规定的清理整顿原则和政策界限，研究提出清理的意见，上报省、自治区、直辖市价格、财政部门。省、自治区、直辖市价格、财政部门按照职责进行审核后，确定取消的涉农收费项目、降低的收费标准和调整的涉农价格。

（四）公布结果阶段（9月底前）

各级价格、财政部门要将批准取消的涉农收费项目、降低的收费标准和调整的涉农价格等及时向社会公布。对保留的收费项目、标准和涉农价格等，要通过正式文件、政府网站、广播电视和报刊等多种形式向社会公布。

（五）巩固成果阶段（10月底前）

为切实巩固清理整顿成果，各地要组织开展涉农价格和收费的核查。重点核查有关单位是否按要求对保留的涉农价格和收费政策进行了公示并正确执行，取消的收费项目、降低的收费标准和调整后的涉农价格是否落到实处。同时，要根据本次清理整顿情况，完善相关价格和收费政策，健全监管措施，从制度上防止农民负担反弹。

（六）总结报告阶段（11 月底前）

各级价格、财政部门要认真总结此次清理整顿工作，研究提出进一步加强涉农价格和收费管理的意见和建议，报上级价格、财政部门和同级人民政府。各省、自治区、直辖市价格、财政部门要将清理整顿的具体情况，包括取消的收费项目、降低的收费标准、减负金额等于 11 月底前报告国家发展改革委、财政部。

四、清理整顿的工作要求

（一）认真组织实施

各级价格、财政部门要充分发挥职能作用，认真组织开展本行政区域内的清理整顿工作。要重点研究当前减轻农民负担工作中出现的新情况、新问题，对农民反映强烈的农业用水、农民建房、农村中小学教育以及向农民专业合作社乱收费等突出问题进行重点治理。要加强组织领导，确保清理整顿工作取得实效。国家发展改革委、财政部将会同农业、纠风等部门适时对各地工作进展情况进行督查、对清理政策落实情况进行抽查。

（二）完善公示制度

涉农价格和收费除在乡镇政府统一公示外，要督促涉农收费单位在收费现场进行公示。各地要创新公示形式，适时更新公示内容。当前除涉及农业生产、农民生活的价格和收费政策外，还要公示支农惠农政策等内容。要强化动态管理，健全配套措施，确保公示制度发挥作用。

（三）加强政策宣传

各地要通过报纸、杂志、广播、电视、互联网、宣传栏等载体，采取政策公告、新闻发布、工作动态、现场咨询等方式，广泛宣传此次清理整顿工作。让政府工作人员和广大农民群众熟悉国家有关涉农价格和收费的法规政策，提高有关部门依法行政意识，增强农民维护自身合法权益的能力。

国家发展改革委

中华人民共和国财政部

二〇〇八年六月十六日

国务院办公厅关于进一步动员社会各方面力量参与扶贫开发的意见

国办发〔2014〕58 号

各省、自治区、直辖市人民政府，国务院各部委、各直属机构：

广泛动员全社会力量共同参与扶贫开发，是我国扶贫开发事业的成功经验，是中国特色扶贫开发道路的重要特征。改革开放以来，各级党政机关、军队和武警部队、国有企事业单位等率先开展定点扶贫，东部发达地区与西部贫困地区结对扶贫协作，对推动社会扶贫发挥了重要引领作用。民营企业、社会组织和个人通过多种方式积极参与扶贫开发，社会扶贫日益显示出巨大发展潜力。但还存在着组织动员不够、政策支持不足、体制机制不完善等问题。为打好新时期扶贫攻坚战，进一步动员社会各方面力量参与扶贫开发，全面推进社会扶贫体制机制创新，经国务院同意，现提出以下意见：

一、总体要求和基本原则

（一）总体要求

坚持以邓小平理论、"三个代表"重要思想、科学发展观为指导，深入贯彻党的十八大和十八届二中、三中、四中全会精神，全面落实党中央、国务院关于扶贫开发的决策部署，大力弘扬社会主义核心价值观，大兴友善互助、守望相助的社会风尚，创新完善人人皆愿为、人人皆可为、人人皆能为的社会扶贫参与机制，形成政府、市场、社会协同推进的大扶贫格局。

（二）基本原则

——坚持政府引导。健全组织动员机制，搭建社会参与平台，完善政策支撑体系，营造良好社会氛围。

——坚持多元主体。充分发挥各类市场主体、社会组织和社会各界作用，多种形式推进，形成强大合力。

——坚持群众参与。充分尊重帮扶双方意愿，促进交流互动，激发贫困群众内生动力，充分调动社会各方面力量参与扶贫的积极性。

——坚持精准扶贫。推动社会扶贫资源动员规范化、配置精准化和使用专业化，真扶贫、扶真贫，切实惠及贫困群众。

二、培育多元社会扶贫主体

（三）大力倡导民营企业扶贫

鼓励民营企业积极承担社会责任，充分激发市场活力，发挥资金、技术、市场、管理等优势，通过资源开发、产业培育、市场开拓、村企共建等多种形式到贫困地区投资兴业、培训技能、吸纳就业、捐资助贫，参与扶贫开发，发挥辐射和带动作用。

（四）积极引导社会组织扶贫

支持社会团体、基金会、民办非企业单位等各类组织积极从事扶贫开发事业。地方各级政府和有关部门要对社会组织开展扶贫活动提供信息服务、业务指导，鼓励其参与社会扶贫资源动员、配置和使用等环节，建设充满活力的社会组织参与扶贫机制。加强国际减贫交流合作。

（五）广泛动员个人扶贫

积极倡导"我为人人、人人为我"的全民公益理念，开展丰富多样的体验走访等社会实践活动，畅通社会各阶层交流交融、互帮互助的渠道。引导广大社会成员和港澳同胞、台湾同胞、华侨及海外人士，通过爱心捐赠、志愿服务、结对帮扶等多种形式参与扶贫。

（六）深化定点扶贫工作

承担定点扶贫任务的单位要发挥各自优势，多渠道筹措帮扶资源，创新帮扶形式，帮助协调解决定点扶贫地区经济社会发展中的突出问题，做到帮扶重心下移，措施到位有效，直接帮扶到县到村。定期选派优秀中青年干部挂职扶贫、驻村帮扶。定点扶贫单位负责同志要高度重视本单位定点扶贫工作，深入开展调研，加强对定点扶贫工作的组织领导。

（七）强化东西部扶贫协作

协作双方要强化协调联系机制，继续坚持开展市县结对、部门对口帮扶。注重发挥市场机制作用，按照优势互补、互利共赢、长期合作、共同发展的原则，通过政府引导、企业协作、社会帮扶、人才交流、职业培训等多种形式深化全方位扶贫协作，推动产业转型升级，促进贫困地区加快发展，带动贫困群众脱贫致富。协作双方建立定期联系机制，加大协作支持力度。加强东西部地区党政干部、专业技术人才双向挂职交流，引导人才向西部艰苦边远地区流动。各省（区、市）要根据实际情况，在本地区组织开展区域性结对帮扶工作。

三、创新参与方式

（八）开展扶贫志愿行动

鼓励和支持青年学生、专业技术人才、退休人员和社会各界人士参与扶贫志愿者行动，建立扶贫志愿者组织，构建贫困地区扶贫志愿者服务网络。组织和支持各类志愿者参与扶贫调研、支教支医、文化下乡、科技推广等扶贫活动。

（九）打造扶贫公益品牌

继续发挥"光彩事业"、"希望工程"、"母亲水窖"、"幸福工程"、"母亲健康快车"、"贫困地区儿童营养改善"、"春蕾计划"、"集善工程"、"爱心包裹"、"扶贫志愿者行动计划"等扶贫公益品牌效应，积极引导社会各方面资源向贫困地区聚集，动员社会各方面力量参与"雨露计划"、扶贫小额信贷和易地扶贫搬迁等扶贫开发重点项目，不断打造针对贫困地区留守妇女、儿童、老人、残疾人等特殊群体的一对一结对、手拉手帮扶等扶贫公益新品牌。

（十）构建信息服务平台

以贫困村、贫困户建档立卡信息为基础，结合集中连片特殊困难地区区域发展与扶贫攻坚规划，按照科学扶贫、精准扶贫的要求，制定不同层次、不同类别的社会扶贫项目规划，为社会扶贫提供准确的需求信息，推进扶贫资源供给与扶贫需求的有效对接，进一步提高社会扶贫资源配置与使用效率。

（十一）推进政府购买服务

加快推进面向社会购买服务，支持参与社会扶贫的各类主体通过公开竞争的方式，积极参加政府面向社会购买服务工作，政府部门择优确定扶贫项目和具体实施机构。支持社会组织承担扶贫项目的实施。

四、完善保障措施

（十二）落实优惠政策

按照国家税收法律及有关规定，全面落实扶贫捐赠税前扣除、税收减免等扶贫公益事业税收优惠政策，以及各类市场主体到贫困地区投资兴业、带动就业增收的相关支持政策。降低扶贫社会组织注册门槛，简化登记程序，对符合条件的社会组织给予公益性捐赠税前扣除资格。对积极参与扶贫开发、带动贫困群众脱贫致富、符合信贷条件的各类企业给予信贷支持，并按有关规定给予财政贴息等政策扶持。鼓励有条件的企业自主设立扶贫公益基金。

（十三）建立激励体系

以国务院扶贫开发领导小组名义定期开展社会扶贫表彰，让积极参与社会扶贫的各类主体政治上有荣誉、事业上有发展、社会上受尊重。对贡献突出的企业、社会组织和各界人士，在尊重其意愿前提下可给予项目冠名等激励措施。

（十四）加强宣传工作

把扶贫纳入基本国情教育范畴，大力弘扬社会主义核心价值观，开展扶贫系列宣传活动。创新社会扶贫宣传形式，拓宽宣传渠道，加强舆论引导，统筹推进社会扶贫先进事迹宣传报道工作，宣传最美扶贫人物，推出扶贫公益广告，倡导社会扶贫参与理念，营造扶贫济困的浓厚社会氛围。

（十五）改进管理服务

地方各级政府和有关部门要适应社会扶贫体制机制改革创新需要，深入调查研究，强化服务意识，搭建社会参与平台，提高社会扶贫工作的管理服务能力。完善定点扶贫和东西部扶贫协作工作考核评估制度。加强对社会扶贫资源筹集、配置和使用的规范管理。建立科学、透明的社会扶贫监测评估机制，推动社会扶贫实施第三方监测评估。创新监测评估方法，公开评估结果，增强社会扶贫公信力和影响力。加强贫困地区基层组织建设，开发贫困地区人力资源，提高农村致富带头人和贫困群众的创业就业能力。充分尊重贫困群众的主体地位和首创精神，把贫困地区的内生动力和外部帮扶有机结合，不断提高贫困地区和贫困群众的自我发展能力。

（十六）加强组织动员

国务院各部门和有关单位要密切合作，加强协调动员，按照职能分工落实相关政策，推进各项工作。扶贫部门要加强社会扶贫工作的组织指导和协调服务。财政、税务、金融部门要落实财税和金融支持政策措施。人力资源社会保障部门要落实挂职扶贫干部、驻村帮扶干部和专业技术人员相关待遇。民政部门要将扶贫济困作为促进慈善事业发展的重点领域，支持社会组织加强自身能力建设，提高管理和服务水平。工会、共青团、妇联、残联、工商联要发挥各自优势积极参与扶贫工作。地方各级政府要完善工作体系，建立工作机制，落实工作责任。要汇全国之力、聚各方之财、集全民之智，加快推进扶贫开发进程。

国务院办公厅

2014 年 11 月 19 日

农业部关于加大贫困地区项目资金倾斜支持力度促进特色产业精准扶贫的意见

农计发〔2016〕94号

为贯彻党中央国务院关于打赢脱贫攻坚战的决策部署，落实九部委关于《贫困地区发展特色产业促进精准脱贫指导意见》的精神，推进农业部建设项目和财政资金向贫困地区倾斜，支持特色产业精准扶贫，现提出如下意见。

一、理清思路，凝聚倾斜支持共识

全面贯彻落实中央关于脱贫攻坚决策部署，坚持精准扶贫、精准脱贫的基本方略，牢固树立创新、协调、绿色、开放、共享的发展理念，立足贫困地区发展实际，突出需求导向，强化规划统领，结合现有渠道，加大农业项目资金倾斜支持力度，不断壮大农业特色主导产业，促进贫困地区传统农业加快向现代农业迈进，助力扶贫对象精准受益，稳定提高收入，如期实现脱贫攻坚目标，为全面建成小康社会做出积极贡献。

（一）坚持规划引领

把"十三五"脱贫攻坚规划、特色产业精准扶贫规划和相关专项规划，作为农业项目资金向贫困地区倾斜安排的重要依据，以项目支撑规划任务落实，分级推动各类规划有效实施，切实发挥规划的引领作用。

（二）坚持产业优先

把做大做强特色产业作为农业项目资金倾斜安排的首要任务，统筹加强贫困地区特色农产品生产、加工、流通设施条件建设，提升综合服务能力，构建优势突出、特色鲜明、绿色高效的现代农业产业体系，开掘富源，拔掉穷根。

（三）坚持精准安排

把精准配置资源作为向贫困地区农业项目资金倾斜安排的重要遵循，选准特色农业发展薄弱环节和产业发展重点，建立与贫困地区相适应的差别化项目资金准入门槛，强化涉农资金统筹使用，变项目资金安排由"扶优扶强"为"扶特扶精"，提高贫困对象的参与度与受益度。

（四）坚持公开透明

把"阳光操作"作为农业项目资金倾斜安排的基本要求，深入推行农业项目公示制度，及时向社会公开项目安排等相关信息，接受社会监督，确保项目实施各环节科学透明、程序规范、公开公正。

二、突出实效，聚焦倾斜支持重点

按照上述思路和原则，"十三五"期间，着力在农业生产基础设施、农业科技推广服务、现代农业产业体系、新型经营主体发展、农业防灾减灾等方面，加大农业项目资金向贫困地区倾斜支持力度，助推贫困地区特色产业发展。

（一）加强农业生产基础设施建设

积极推动农业基础设施建设项目向贫困地区倾斜，不断夯实贫困地区产业发展基础。对于在新增千亿斤粮食生产能力规划范围内的151个贫困县，年度项目资金优先倾斜安排，加快建成一批旱涝保收、高产稳产、生态良好的高标准农田；向符合条件的贫困地区优先安排标准化规模养殖场建设项目，改善水电路、粪污处理、防疫、质量检测等基础设施条件，培育壮大一批设施完备、环境友好的养殖场（小区），巩固和提升贫困地区特色产业带动能力。

（二）强化农业科技推广服务

加大对贫困地区农业科技推广项目的实施力度，促进贫困地区特色资源优势转化为产业发展优势。现代农业产业技术体系项目向贫困地区延伸，基层农技推广体系改革与建设、粮棉油糖绿色高产高效创建、园艺作物标准园创建等补助资金向贫困地区倾斜安排，支持贫困地区特色资源开发；加大贫困地区农机购置补贴政策扶持力度，不断提高贫困地区农机装备水平；加快实施国家级和区域性制育种基地（场、中心）项目，支持符合条件的贫困县加强良种繁育基地等设施条件建设，提高供种能力和生产效益。

（三）构建现代农业产业体系

围绕种养结合、链条延伸、功能拓展，支持贫困地区完善特色农业产业体系，促进农业增效、农民增收。鼓励符合条件的贫困地区开展"粮改饲"试点。马铃薯主食产品及产业开发试点、高产优质苜蓿示范片区建设、畜牧良种补贴、基础母牛扩群、渔业标准化健康养殖等补助资金，优先安排到符合条件的贫困地区，支持贫困地区调整农业结构。鼓励贫困地区因地制宜发展一村一品特色产业，支持开展一村一品专业示范村镇创建。农产品产地初加工补助政策资金向贫困地区倾斜，减损提质，错季销售，提高农产品附加值。鼓励贫困地区培育特色农业品牌，逐步完善农产品产地市场交易、冷链物流等设施条件。加快发展农业信息化，加快实施信息进村入户工程，大力发展电子商务。支持贫困地区开展全国休闲农业和乡村旅游示范县示范点创建、中国美丽休闲乡村推介、中国重要农业文化遗产认定、休闲农业与乡村旅游星级企业创建，因地制宜在贫困地区开展一二三产业融合试点。

（四）支持新型经营主体发展

鼓励贫困地区开展各级农民合作社示范社、示范家庭农场创建，推动涉农建设项目、财政补助补贴资金将贫困地区农业产业化龙头企业、农民合作社、家庭农场列为优先支持对象，鼓励中高等学校特别是农业职业院校毕业生、新型职业农民和农村实用人才、务工经商返乡人员等在贫困地区领办兴办农民合作社、家庭农场。加大新型职业农民培育补助资金对贫困地区的支持力度，重点扶持种养大户、家庭农场主、农民合作社带头人、返乡创业大学生、农民工等；继续在贫困地区开展农村实用人才带头人和大学生村官示范培训工作，开展贫困地区产业发展带头人培训等"扶智行动"。

（五）提高农业防灾减灾能力

着力加强贫困地区农业防灾减灾体系建设，推动贫困地区特色农业减损增效。综合考虑贫困地区畜禽品种、数量、分布区域以及免疫工作量，加大动物防疫经费支持力度。充分利用小麦"一喷三防"、病虫害防治、草原灭鼠、农业生产应急救灾等政策资金，加大对贫困地区倾斜支持比重和覆盖范围，提高贫困地区防灾减灾能力。

（六）加强资源环境保护

统筹贫困地区影响农业资源与生态环境保护的各种要素，

优先在贫困地区设置国家农业可持续试验示范区，优先实施生态循环农业、农村沼气、东北黑土地保护、石漠化综合治理、退牧还草、湿地保护与恢复、农牧交错带已垦草原治理等生态工程，新增退耕还林还草任务优先向贫困县倾斜，在符合条件的贫困地区积极落实草原生态保护补助奖励政策；支持水资源丰富的贫困地区开展渔业增殖放流，加强水生生物保护区建设，提升贫困地区生态保护与建设水平。

三、强化保障，提高倾斜支持效率

推进农业项目资金向贫困地区倾斜，是发挥政府支农资金引导作用、推动形成脱贫攻坚合力的重要举措。各级农业部门要高度重视，立足职责，建立工作机制，创新工作方式，落实工作责任，强化协调沟通，务求取得实效。

（一）建立上下联动机制

农业部各有关司局要依据现有规划和资金渠道，加强与发改、财政等部门沟通协调，及早发布项目申报信息，明确申报条件，优先安排符合条件的贫困地区特色产业发展支持项目。省级农业部门要加强贫困地区项目组织申报实施的指导和服务，严格筛选，及时报送符合条件的项目。贫困地区农业部门要根据特色产业精准扶贫等规划，积极谋划项目，指导项目单位抓紧开展项目前期工作，落实用地、规划等前置条件，并督促做好项目实施工作。

（二）创新项目支持方式

严格落实国家在贫困地区安排的公益性建设项目取消县级和西部连片特困地市级配套资金的政策，并加大中央和省级财政投资补助比重。创新项目审批方式，允许国家级贫困县以主导产业为依托打捆申报项目。对中央农业项目资金和财政补助资金形成的经营性固定资产，要探索股权量化到贫困户的有效实现形式，确保扶贫对象长期稳定受益。积极争取专项建设基金、各类金融资金投入贫困地区特色产业发展。有关特色产业项目要把建档立卡贫困户精准受益作为支持安排的重要条件，完善带动贫困户脱贫增收的利益联结机制，强化贫困户"造血"功能，带动贫困户增收脱贫。

（三）加强事中事后指导与监查

对贫困县未纳入资金统筹整合使用范围的农业项目，要加强定期调度和日常监管，强化信息公开确保项目按照批复的建设内容和目标实施，发挥资金使用效益；对已纳入资金统筹整合使用范围的农业项目，要按照国务院的有关要求，及时报省级扶贫开发领导小组备案，并向我部通报。

中华人民共和国农业部

2016 年 9 月 1 日

关于进一步加强东西部扶贫
协作工作的指导意见

（2016年12月7日，中共中央办公厅、国务院办公厅发布）

东西部扶贫协作和对口支援，是推动区域协调发展、协同发展、共同发展的大战略，是加强区域合作、优化产业布局、拓展对内对外开放新空间的大布局，是打赢脱贫攻坚战、实现先富帮后富、最终实现共同富裕目标的大举措。为全面贯彻落实《中共中央、国务院关于打赢脱贫攻坚战的决定》和中央扶贫开发工作会议、东西部扶贫协作座谈会精神，做好东西部扶贫协作和对口支援工作，现提出如下意见。

一、总体要求

（一）指导思想

全面贯彻党的十八大和十八届三中、四中、五中、六中全会精神，以习近平总书记扶贫开发重要战略思想为指导，牢固树立新发展理念，坚持精准扶贫、精准脱贫基本方略，进一步强化责任落实、优化结对关系、深化结对帮扶、聚焦脱贫攻坚，提高东西部扶贫协作和对口支援工作水平，推动西部贫困地区与全国一道迈入全面小康社会。

（二）主要目标

经过帮扶双方不懈努力，推进东西部扶贫协作和对口支援工作机制不断健全，合作领域不断拓展，综合效益得到充分发挥，确保西部地区现行国家扶贫标准下的农村贫困人口到2020年实现脱贫，贫困县全部摘帽，解决区域性整体贫困。

（三）基本原则

——坚持党的领导，社会广泛参与。帮扶双方党委和政府要加强对东西部扶贫协作和对口支援工作的领导，将工作纳入重要议事日程，科学编制帮扶规划并认真部署实施，建立完善机制，广泛动员党政机关、企事业单位和社会力量参与，形成帮扶合力。

——坚持精准聚焦，提高帮扶实效。东西部扶贫协作和对口支援要聚焦脱贫攻坚，按照精准扶贫、精准脱贫要求，把被帮扶地区建档立卡贫困人口稳定脱贫作为工作重点，帮扶资金和项目瞄准贫困村、贫困户，真正帮到点上、扶到根上。

——坚持优势互补，鼓励改革创新。立足帮扶双方实际情况，因地制宜、因人施策开展扶贫协作和对口支援，实现帮扶双方优势互补、长期合作、聚焦扶贫、实现共赢，努力探索先富帮后富、逐步实现共同富裕的新途径新方式。

——坚持群众主体，激发内生动力。充分调动贫困地区干部群众积极性创造性，不断激发脱贫致富的内生动力，帮助和带动贫困人口苦干实干，实现光荣脱贫、勤劳致富。

二、结对关系

（四）调整东西部扶贫协作结对关系

对原有结对关系进行适当调整，在完善省际结对关系的同时，实现对民族自治州和西部贫困程度深的市州全覆盖，落实北京市、天津市与河北省扶贫协作任务。调整后的东西部扶贫协作结对关系为：北京市帮扶内蒙古自治区、河北省张家口市和保定市；天津市帮扶甘肃省、河北省承德市；辽宁省大连市帮扶贵州省六盘水市；上海市帮扶云南省、贵州省遵义市；江苏省帮扶陕西省、青海省西宁市和海东市，苏州市帮扶贵州省铜仁市；浙江省帮扶四川省，杭州市帮扶湖北省恩施土家族苗族自治州、贵州省黔东南苗族侗族自治州，宁波市帮扶吉林省延边朝鲜族自治州、贵州省黔西南布依族苗族自治州；福建省帮扶宁夏回族自治区，福州市帮扶甘肃省定西市，厦门市帮扶甘肃省临夏回族自治州；山东省帮扶重庆市，济南市帮扶湖南省湘西土家族苗族自治州，青岛市帮扶贵州省安顺市、甘肃省陇南市；广东省帮扶广西壮族自治区、四川省甘孜藏族自治州，广州市帮扶贵州省黔南布依族苗族自治州和毕节市，佛山市帮扶四川省凉山彝族自治州，中山市和东莞市帮扶云南省昭通市，珠海市帮扶云南省怒江傈僳族自治州。

各省（自治区、直辖市）要根据实际情况，在本行政区域内组织开展结对帮扶工作。

（五）开展携手奔小康行动

东部省份组织本行政区域内经济较发达县（市、区）与扶贫协作省份和市州扶贫任务重、脱贫难度大的贫困县开展携手奔小康行动。探索在乡镇之间、行政村之间结对帮扶。

（六）深化对口支援

对口支援西藏、新疆和四省藏区工作在现有机制下继续坚持向基层倾斜、向民生倾斜、向农牧民倾斜，更加聚焦精准扶贫、精准脱贫，瞄准建档立卡贫困人口精准发力，提高对口支援实效。北京市、天津市与河北省扶贫协作工作，要与京津冀协同发展中京津两市对口帮扶张承环京津相关地区做好衔接。

三、主要任务

（七）开展产业合作

帮扶双方要把东西部产业合作、优势互补作为深化供给侧结构性改革的新课题，研究出台相关政策，大力推动落实。要立足资源禀赋和产业基础，激发企业到贫困地区投资的积极性，支持建设一批贫困人口参与度高的特色产业基地，培育一批带动贫困户发展产业的合作组织和龙头企业，引进一批能够提供更多就业岗位的劳动密集型企业、文化旅游企业等，促进产业发展带动脱贫。加大产业合作科技支持，充分发挥科技创新在增强西部地区自我发展能力中的重要作用。

（八）组织劳务协作

帮扶双方要建立和完善劳务输出精准对接机制，提高劳务输出脱贫的组织化程度。西部地区要摸清底数，准确掌握建档立卡贫困人口中有就业意愿和能力的未就业人口信息，以及已在外地就业人员的基本情况，因人因需提供就业服务，与东部地区开展有组织的劳务对接。西部地区要做好本行政区域内劳务对接工作，依托当地产业发展，多渠道开发就业岗位，支持贫困人口在家乡就地就近就业。开展职业教育东西协作行动计划和技能脱贫"千校行动"，积极组织引导贫困家庭子女到东部省份的职业院校、技工学校接受职业教育和职业培训。东部省份要把解决西部贫困人口稳定就业作为帮扶重要内容，创造就业机会，提供用工信息，动员企业参与，实现人岗对接，保障稳定就业。对在东部地区工作生活的建档立卡贫困人口，符合条件的优先落实落户政策，有序实现市民化。

（九）加强人才支援

帮扶双方要选派优秀干部挂职，广泛开展人才交流，促进观念互通、思路互动、技术互学、作风互鉴。采取双向挂职、两地培训、委托培养和组团式支教、支医、支农等方式，加大教育、卫生、科技、文化、社会工作等领域的人才支持，把东部地区的先进理念、人才、技术、信息、经验等要素传播到西部地区。加大政策激励力度，鼓励各类人才扎根西部贫困地区建功立业。帮扶省市选派到被帮扶地区的挂职干部要把主要精力放到脱贫攻坚上，挂职期限原则上两到三年。加大对西部地区干部特别是基层干部、贫困村创业致富带头人培训力度。

（十）加大资金支持

东部省份要根据财力增长情况，逐步增加扶贫协作和对口支援财政投入，并列入年度预算。西部地区要以扶贫规划为引领，整合扶贫协作和对口支援资金，聚焦脱贫攻坚，形成脱贫合力。要切实加强资金监管，提高使用效益。

（十一）动员社会参与

帮扶省市要鼓励支持本行政区域内民营企业、社会组织、公民个人积极参与东西部扶贫协作和对口支援。充分利用全国扶贫日和中国社会扶贫网等平台，组织社会各界到西部地区开展捐资助学、慈善公益医疗救助、支医支教、社会工作和志愿服务等扶贫活动。实施社会工作专业人才服务贫困地区计划和扶贫志愿者行动计划，支持东部地区社会工作机构、志愿服务组织、社会工作者和志愿者结对帮扶西部贫困地区，为西部地区提供专业人才和服务保障。注重发挥军队和武警部队在西部贫困地区脱贫攻坚中的优势和积极作用，因地制宜做好帮扶工作。积极组织民营企业参与"万企帮万村"精准扶贫行动，与被帮扶地区贫困村开展结对帮扶。

四、保障措施

(十二) 加强组织领导

国务院扶贫开发领导小组要加强东西部扶贫协作的组织协调、工作指导和考核督查。东西部扶贫协作双方要建立高层联席会议制度，党委或政府主要负责同志每年开展定期互访，确定协作重点，研究部署和协调推进扶贫协作工作。

(十三) 完善政策支持

中央和国家机关各部门要加大政策支持力度。国务院扶贫办、国家发展改革委、教育部、民政部、人力资源社会保障部、农业部、中国人民银行等部门要按照职责分工，加强对东西部扶贫协作和对口支援工作的指导和支持。中央组织部要统筹东西部扶贫协作和对口支援挂职干部人才选派管理工作。审计机关要依法加强对扶贫政策落实情况和扶贫资金的审计监督。纪检监察机关要加强扶贫领域监督执纪问责。

(十四) 开展考核评估

把东西部扶贫协作工作纳入国家脱贫攻坚考核范围，作为国家扶贫督查巡查重要内容，突出目标导向、结果导向，督查巡查和考核内容包括减贫成效、劳务协作、产业合作、人才支援、资金支持五个方面，重点是解决多少建档立卡贫困人口脱贫。对口支援工作要进一步加强对精准扶贫工作成效的考核。东西部扶贫协作考核工作由国务院扶贫开发领导小组组织实施，考核结果向党中央、国务院报告。

贫困地区水电矿产资源开发资产
收益扶贫改革试点方案

国务院办公厅关于印发贫困地区水电矿产
资源开发资产收益扶贫改革试点方案的通知

国办发〔2016〕73号

各省、自治区、直辖市人民政府，国务院各部委、各
直属机构：

《贫困地区水电矿产资源开发资产收益扶贫改革试
点方案》已经国务院同意，现印发给你们，请认真贯
彻执行。

国务院办公厅

2016年9月30日

《中华人民共和国国民经济和社会发展第十三个五年规划纲
要》和《中共中央 国务院关于打赢脱贫攻坚战的决定》提出，
对在贫困地区开发水电、矿产资源占用集体土地的，试行给原
住居民集体股权方式进行补偿，探索对贫困人口实行资产收益
扶持制度。为推动资源开发成果更多惠及贫困人口，促进共享
发展，逐步建立贫困地区水电、矿产等资源开发资产收益扶贫
制度，制定本方案。

一、总体要求

（一）指导思想

全面贯彻党的十八大和十八届三中、四中、五中全会精神，深入贯彻习近平总书记系列重要讲话精神，认真落实党中央、国务院决策部署，紧紧围绕"五位一体"总体布局和"四个全面"战略布局，牢固树立创新、协调、绿色、开放、共享的新发展理念，坚持精准扶贫、精准脱贫基本方略，以保障农村集体经济组织合法权益为中心，以增加贫困人口资产性收益为目标，以改革试点为突破口，以严格保护生态环境为前提，发挥资源优势，创新贫困地区水电、矿产资源开发占用农村集体土地补偿方式，探索建立集体股权参与项目分红的资产收益扶贫长效机制，走出一条资源开发与脱贫攻坚有机结合的新路子，实现贫困人口共享资源开发成果。

（二）基本原则

政府引导，群众自愿。将入股分红作为征地补偿的新方式，坚持政府组织引导、统筹推动和监督检查，建立公平、公正、公开的项目收益分配制度，推动实现共享发展。充分尊重贫困地区农村集体经济组织及其成员意愿，保障其知情权、选择权和参与权。

精准扶持，利益共享。把水电、矿产资源开发与脱贫攻坚紧密结合，瞄准建档立卡贫困户，让贫困人口更多分享资源开发收益。统筹兼顾企业、农村集体经济组织及其成员等各方利益，充分调动利益相关方参与改革的积极性和主动性。

封闭运行，控制风险。试点项目严格按照国家审核通过的**省级试点方案组织实施、封闭运行，享受试点政策，未经批准**

不得扩大试点区域和范围。预估预判各类风险，建立风险防范和控制机制，做到风险可控。

探索创新，有序推进。鼓励试点地方和项目单位结合实际，在股权设置、资产管理、收益分配、精准扶持、退出机制等方面进行探索创新。按照生态优先、绿色发展的要求，稳妥选择试点项目，密切跟踪试点进展，及时总结试点经验。

（三）试点目标

在贫困地区选择一批水电、矿产资源开发项目，用 3 年左右时间组织开展改革试点，探索建立农村集体经济组织成员特别是建档立卡贫困户精准受益的资产收益扶贫长效机制，形成可复制、可推广的操作模式和制度。

二、试点范围、期限与项目选择

（一）试点范围

在集中连片特困地区县和国家扶贫开发工作重点县（以下统称贫困县）开展试点，优先选择革命老区和民族地区贫困县。

（二）试点期限

2016 年底启动，2019 年底结束。

（三）项目选择

以精准扶贫、精准脱贫为导向，在全国范围内选择不超过 20 个占用农村集体土地的水电或矿产资源开发项目开展试点。试点项目不限企业所有制性质，但应符合相关规划和产业政策及环境保护要求，并满足以下条件：

1. 水电开发应选择建设周期较短、经济性较好、征地面积和移民人数适量的项目；矿产资源开发应选择以露天开采方式为主、预期盈利能力较强的项目。

2. 2017 年内完成审批核准程序并开工建设。

3. 征地范围不跨省（区、市）。

4. 征地及影响范围内的原住居民，应包括一定比例建档立卡贫困户。

5. 出具项目影响区域内原住居民同意参与试点、农村集体经济组织承诺优先分配给建档立卡贫困户集体股权收益等证明材料。

三、试点内容

重点围绕界定入股资产范围、明确股权受益主体、合理设置股权、完善收益分配制度、加强股权管理和风险防控等方面开展试点。

（一）准确界定入股资产范围

依法依规准确界定水电、矿产资源开发项目征收、征用的农村集体土地范围。按照"归属清晰、权责明确、群众自愿"的原则，合理确定以土地补偿费量化入股的农村集体土地数量、类型和范围，并将核定的土地补偿费作为资产入股试点项目，形成集体股权。入股资产应限于农村集体经济组织所有的耕地、林地、草地、未利用地等非建设用地的土地补偿费。

（二）明确入股主体和受益主体

农村集体经济组织为股权持有者，其成员为集体股权受益主体，建档立卡贫困户为优先受益对象。探索建立以组、村、乡镇不同层级农村集体经济组织为入股单位的集体股权制度。

（三）规范集体股权设置办法

农村集体经济组织选择以全额或者部分集体土地补偿费入股试点项目，并以农村集体经济组织为单位设置集体股权。股权设置方法、程序等具体事项由试点项目所在地省级人民政府研究确定。股权设置结果须经项目所在地县级人民政府、项目投资建设单位、被占地农村集体经济组织共同确定。鼓励有条件的地方通过设立项目公司等方式，探索对集体股权实行专业化管理。

（四）保障集体股权收益

试点项目所在省份根据试点项目情况，探索建立集体股权收益保障制度，集体股权保障收益水平由项目投资建设单位和被占地农村集体经济组织根据项目实际情况共同协商确定。项目运行期结束、项目法人解散或破产清算时，应保障集体股权持有者享有对按照公司法和企业破产法有关规定清偿后剩余财产的优先分配权。试点期间，集体股权原则上不得用于质押、担保，对依法转让的集体股权，项目投资建设单位享有优先回购权。集体股权持有者不参与项目经营管理和决策，但应享有知情权、监督权等股东基本权利。

（五）健全收益分配制度

农村集体经济组织要制定经成员认可并符合相关财务制度的收益分配方案，明确分配范围、顺序和比例，纳入村务公开范畴，接受成员监督。收益分配方案应明确建档立卡贫困户享有优先分配权益，并保证其收益不得以任何方式被截留、挪用、扣减。建档立卡贫困户额外享有的集体股权收益分配权益，在其稳定脱贫后应有序退出，由农村集体经济组织重新分配。已脱贫农户享有与本集体经济组织其他成员平等的收益分配权。

(六) 保障农村集体经济组织成员权益

依法保障农村集体经济组织成员特别是建档立卡贫困户参与集体股权管理、分享集体股权收益的权利。科学确认农村集体经济组织成员身份，建立健全农村集体经济组织成员登记备案、收益权证书管理等制度。集体股权收益分配制度的制定、调整、废止等，须经本集体经济组织成员会议或成员代表会议讨论通过后方可生效。探索建立农村集体经济组织成员对集体股权收益权的转让、继承、质押、担保等机制。加强集体股权民主监督管理，防止被少数人控制，发生侵蚀、侵吞原住居民利益的行为。

(七) 建立风险防控机制

按照政府领导、分级负责、县为基础、项目法人参与的管理体制，强化政府在试点工作中的组织协调、监督管理、风险防控等作用，建立农村集体经济组织及其成员的利益申诉机制，密切关注建档立卡贫困户权益，妥善解决利益纠纷，确保试点工作顺利开展。有关地方和部门要依法加强对项目运营情况的监督，发现项目投资建设单位弄虚作假、隐瞒收益的，要责令其限期整改并依法严肃追究有关人员责任。切实做好试点项目对生态环境影响的跟踪评估与风险防控工作，避免破坏生态环境。

四、保障措施

(一) 加大政策支持力度

在安排水电、矿产资源开发领域项目中央补助等资金时，对符合条件的试点项目予以优先支持。农村小水电扶贫工程中央预算内投资优先支持试点项目，中央投资收益专项用于扶持建档立卡贫困户和贫困村相关公共设施建设。试点过程中，利用财政投入形成的相关资产，应折股量化到农村集体经济组织，并在收益分配时对建档立卡贫困户予以倾斜支持，帮助其进一步分享资源开发收益。

（二）加强项目运行保障

依法依规简化试点项目前期工作程序，加快项目核准进度。对水电开发试点项目，优先保障其所发电量全额上网。对矿产资源开发试点项目，降低试点区域矿业企业用地成本，适当延长矿区和尾矿库等依法占用临时用地的使用期限。

（三）做好试点组织实施

省级人民政府是试点工作的责任主体，要建立试点工作机制，组织申报试点项目，制定试点实施方案，统筹协调推进试点工作。县级人民政府是试点工作的实施主体，要明确工作职责，做好试点政策宣讲和工作督导，推动加强试点项目所在地基层党组织建设，确保试点工作稳妥有序推进。由国家发展改革委牵头，会同国土资源部、水利部、农业部、国务院国资委、国家林业局、国家能源局、国务院扶贫办等部门建立改革试点工作协调机制，审核省级试点实施方案，指导和支持各地开展试点工作。改革试点中遇到的重大问题，要及时向国务院报告。

（四）强化跟踪评估指导

国家发展改革委要建立试点项目定期调度机制，会同有关部门加强对试点工作的检查、评估和指导，及时总结推广试点经验。省级人民政府要加强对试点项目的动态跟踪和工作督导，组织试点项目投资建设单位定期上报进展情况，协调解决试点工作中出现的困难和问题，研究制定配套政策措施，确保完成改革试点目标任务。2020年1月底前，各试点项目所在地省级人民政府要向国家发展改革委报送改革试点工作情况报告。国家发展改革委会同有关部门在总结各地试点经验基础上，形成全国改革试点工作总结报告和政策建议，上报国务院。

全国普法学习读本

增收保障法律法规学习读本

农民保障法律法规

李 勇 主编

汕头大学出版社

图书在版编目（CIP）数据

农民保障法律法规／李勇主编．-- 汕头：汕头大
学出版社（2021.7 重印）
　　（增收保障法律法规学习读本）
ISBN 978-7-5658-3204-8

Ⅰ.①农… Ⅱ.①李… Ⅲ.①农民-权益保护-法律
-中国-学习参考资料 Ⅳ.①D923.804

中国版本图书馆 CIP 数据核字（2017）第 254846 号

农民保障法律法规　　NONGMIN BAOZHANG FALÜ FAGUI

主　　编：李　勇
责任编辑：邹　峰
责任技编：黄东生
封面设计：大华文苑
出版发行：汕头大学出版社
　　　　　广东省汕头市大学路 243 号汕头大学校园内　邮政编码：515063
电　　话：0754-82904613
印　　刷：三河市南阳印刷有限公司
开　　本：690mm×960mm 1/16
印　　张：18
字　　数：226 千字
版　　次：2017 年 10 月第 1 版
印　　次：2021 年 7 月第 2 次印刷
定　　价：59.60 元（全 2 册）
ISBN 978-7-5658-3204-8

前　言

习近平总书记指出："推进全民守法，必须着力增强全民法治观念。要坚持把全民普法和守法作为依法治国的长期基础性工作，采取有力措施加强法制宣传教育。要坚持法治教育从娃娃抓起，把法治教育纳入国民教育体系和精神文明创建内容，由易到难、循序渐进不断增强青少年的规则意识。要健全公民和组织守法信用记录，完善守法诚信褒奖机制和违法失信行为惩戒机制，形成守法光荣、违法可耻的社会氛围，使遵法守法成为全体人民共同追求和自觉行动。"

中共中央、国务院曾经转发了中央宣传部、司法部关于在公民中开展法治宣传教育的规划，并发出通知，要求各地区各部门结合实际认真贯彻执行。通知指出，全民普法和守法是依法治国的长期基础性工作。深入开展法治宣传教育，是全面建成小康社会和新农村的重要保障。

普法规划指出：各地区各部门要根据实际需要，从不同群体的特点出发，因地制宜开展有特色的法治宣传教育坚持集中法治宣传教育与经常性法治宣传教育相结合，深化法律进机关、进乡村、进社区、进学校、进企业、进单位的"法律六进"主题活动，完善工作标准，建立长效机制。

特别是农业、农村和农民问题，始终是关系党和人民事业发展的全局性和根本性问题。党中央、国务院发布的《关于推进社会主义新农村建设的若干意见》中明确提出要"加强农村法制建设，深入开展农村普法教育，增强农民的法制观念，提高农民依法行使权利和履行义务的自觉性。"多年普法实践证明，普及法律知识，提高法制观念，增强全社会依法办事意识具有重要作用。特别是在广大农村进行普法教育，是提高全民法律素质的需要。

多年来，我国在农村实行的改革开放取得了极大成功，农村发生了翻天覆地的变化，广大农民生活水平大大得到了提高。但是，由于历史和社会等原因，现阶段我国一些地区农民文化素质还不高，不学法、不懂法、不守法现象虽然较原来有所改变，但仍有相当一部分群众的法制观念仍很淡化，不懂、不愿借助法律来保护自身权益，这就极易受到不法的侵害，或极易进行违法犯罪活动，严重阻碍了全面建成小康社会和新农村步伐。

为此，根据党和政府的指示精神以及普法规划，特别是根据广大农村农民的现状，在有关部门和专家的指导下，特别编辑了这套《全国普法学习读本》。主要包括了广大人民群众应知应懂、实际实用的法律法规。为了辅导学习，附录还收入了相应法律法规的条例准则、实施细则、解读解答、案例分析等；同时为了突出法律法规的实际实用特点，兼顾地方性和特殊性，附录还收入了部分某些地方性法律法规以及非法律法规的政策文件、管理制度、应用表格等内容，拓展了本书的知识范围，使法律法规更"接地气"，便于读者学习掌握和实际应用。

在众多法律法规中，我们通过甄别，淘汰了废止的，精选了最新的、权威的和全面的。但有部分法律法规有些条款不适应当下情况了，却没有颁布新的，我们又不能擅自改动，只得保留原有条款，但附录却有相应的补充修改意见或通知等。众多法律法规根据不同内容和受众特点，经过归类组合，优化配套。整套普法读本非常全面系统，具有很强的学习性、实用性和指导性，非常适合用于广大农村和城乡普法学习教育与实践指导。总之，是全国全民普法的良好读本。

目　　录

农村五保供养工作条例

生活保障有关政策办法

工伤保险条例

农村五保供养工作条例

中华人民共和国国务院令

第 456 号

《农村五保供养工作条例》已经 2006 年 1 月 11 日国务院第 121 次常务会议通过，现予公布，自 2006 年 3 月 1 日起施行。

总理　温家宝

二〇〇六年一月二十一日

第一章　总　　则

第一条　为了做好农村五保供养工作，保障农村五保供养对象的正常生活，促进农村社会保障制度的发展，制定本条例。

第二条　本条例所称农村五保供养，是指依照本条例规定，在吃、穿、住、医、葬方面给予村民的生活照顾和物质帮助。

第三条　国务院民政部门主管全国的农村五保供养工作；县级以上地方各级人民政府民政部门主管本行政区域内的农村五保供养工作。

乡、民族乡、镇人民政府管理本行政区域内的农村五保供养工作。村民委员会协助乡、民族乡、镇人民政府开展农村五保供养工作。

第四条 国家鼓励社会组织和个人为农村五保供养对象和农村五保供养工作提供捐助和服务。

第五条 国家对在农村五保供养工作中做出显著成绩的单位和个人，给予表彰和奖励。

第二章 供养对象

第六条 老年、残疾或者未满16周岁的村民，无劳动能力、无生活来源又无法定赡养、抚养、扶养义务人，或者其法定赡养、抚养、扶养义务人无赡养、抚养、扶养能力的，享受农村五保供养待遇。

第七条 享受农村五保供养待遇，应当由村民本人向村民委员会提出申请；因年幼或者智力残疾无法表达意愿的，由村民小组或者其他村民代为提出申请。经村民委员会民主评议，对符合本条例第六条规定条件的，在本村范围内公告；无重大异议的，由村民委员会将评议意见和有关材料报送乡、民族乡、镇人民政府审核。

乡、民族乡、镇人民政府应当自收到评议意见之日起20日内提出审核意见，并将审核意见和有关材料报送县级人民政府民政部门审批。县级人民政府民政部门应当自收到审核意见和有关材料之日起20日内作出审批决定。对批准给予农村五保供养待遇的，发给《农村五保供养证书》；对不符合条件不予批准的，应当书面说明理由。

乡、民族乡、镇人民政府应当对申请人的家庭状况和经济条件进行调查核实；必要时，县级人民政府民政部门可以进行复核。申请人、有关组织或者个人应当配合、接受调查，如实提供有关情况。

第八条 农村五保供养对象不再符合本条例第六条规定条件的，村民委员会或者敬老院等农村五保供养服务机构（以下简称农村五保供养服务机构）应当向乡、民族乡、镇人民政府报告，由乡、民族乡、镇人民政府审核并报县级人民政府民政部门核准后，核销其《农村五保供养证书》。

农村五保供养对象死亡，丧葬事宜办理完毕后，村民委员会或者农村五保供养服务机构应当向乡、民族乡、镇人民政府报告，由乡、民族乡、镇人民政府报县级人民政府民政部门核准后，核销其《农村五保供养证书》。

第三章　供养内容

第九条　农村五保供养包括下列供养内容：

（一）供给粮油、副食品和生活用燃料；

（二）供给服装、被褥等生活用品和零用钱；

（三）提供符合基本居住条件的住房；

（四）提供疾病治疗，对生活不能自理的给予照料；

（五）办理丧葬事宜。

农村五保供养对象未满16周岁或者已满16周岁仍在接受义务教育的，应当保障他们依法接受义务教育所需费用。

农村五保供养对象的疾病治疗，应当与当地农村合作医疗和农村医疗救助制度相衔接。

第十条　农村五保供养标准不得低于当地村民的平均生活水平，并根据当地村民平均生活水平的提高适时调整。

农村五保供养标准，可以由省、自治区、直辖市人民政府制定，在本行政区域内公布执行，也可以由设区的市级或者县级人民政府制定，报所在的省、自治区、直辖市人民政府备案后公布执行。

国务院民政部门、国务院财政部门应当加强对农村五保供养标准制定工作的指导。

第十一条　农村五保供养资金，在地方人民政府财政预算中安排。有农村集体经营等收入的地方，可以从农村集体经营等收入中安排资金，用于补助和改善农村五保供养对象的生活。农村五保供养对象将承包土地交由他人代耕的，其收益归该农村五保供养对象所有。具体办法由省、自治区、直辖市人民政府规定。

中央财政对财政困难地区的农村五保供养，在资金上给予适当补助。

农村五保供养资金，应当专门用于农村五保供养对象的生活，任何组织或者个人不得贪污、挪用、截留或者私分。

第四章　供养形式

第十二条　农村五保供养对象可以在当地的农村五保供养服务机构集中供养，也可以在家分散供养。农村五保供养对象可以自行选择供养形式。

第十三条　集中供养的农村五保供养对象，由农村五保供养服务机构提供供养服务；分散供养的农村五保供养对象，可以由村民委员会提供照料，也可以由农村五保供养服务机构提供有关供养服务。

第十四条　各级人民政府应当把农村五保供养服务机构建设纳入经济社会发展规划。

县级人民政府和乡、民族乡、镇人民政府应当为农村五保供养服务机构提供必要的设备、管理资金，并配备必要的工作人员。

第十五条　农村五保供养服务机构应当建立健全内部民主管理和服务管理制度。

农村五保供养服务机构工作人员应当经过必要的培训。

第十六条　农村五保供养服务机构可以开展以改善农村五保供养对象生活条件为目的的农副业生产。地方各级人民政府及其有关部门应当对农村五保供养服务机构开展农副业生产给予必要的扶持。

第十七条 乡、民族乡、镇人民政府应当与村民委员会或者农村五保供养服务机构签订供养服务协议，保证农村五保供养对象享受符合要求的供养。

村民委员会可以委托村民对分散供养的农村五保供养对象提供照料。

第五章　监督管理

第十八条 县级以上人民政府应当依法加强对农村五保供养工作的监督管理。县级以上地方各级人民政府民政部门和乡、民族乡、镇人民政府应当制定农村五保供养工作的管理制度，并负责督促实施。

第十九条 财政部门应当按时足额拨付农村五保供养资金，确保资金到位，并加强对资金使用情况的监督管理。

审计机关应当依法加强对农村五保供养资金使用情况的审计。

第二十条 农村五保供养待遇的申请条件、程序、民主评议情况以及农村五保供养的标准和资金使用情况等，应当向社会公告，接受社会监督。

第二十一条 农村五保供养服务机构应当遵守治安、消防、卫生、财务会计等方面的法律、法规和国家有关规定，向农村五保供养对象提供符合要求的供养服务，并接受地方人民政府及其有关部门的监督管理。

第六章　法律责任

第二十二条 违反本条例规定，有关行政机关及其工作人员有下列行为之一的，对直接负责的主管人员以及其他直接责任人员依法给予行政处分；构成犯罪的，依法追究刑事责任：

（一）对符合农村五保供养条件的村民不予批准享受农村五保供养待遇的，或者对不符合农村五保供养条件的村民批准其享受农村五保供养待遇的；

（二）贪污、挪用、截留、私分农村五保供养款物的；

（三）有其他滥用职权、玩忽职守、徇私舞弊行为的。

第二十三条 违反本条例规定，村民委员会组成人员贪污、挪用、截留农村五保供养款物的，依法予以罢免；构成犯罪的，依法追究刑事责任。

违反本条例规定，农村五保供养服务机构工作人员私分、挪用、截留农村五保供养款物的，予以辞退；构成犯罪的，依法追究刑事责任。

第二十四条 违反本条例规定，村民委员会或者农村五保供养服务机构对农村五保供养对象提供的供养服务不符合要求的，由乡、民族乡、镇人民政府责令限期改正；逾期不改正的，乡、民族乡、镇人民政府有权终止供养服务协议；造成损失的，依法承担赔偿责任。

第七章　附　则

第二十五条 《农村五保供养证书》由国务院民政部门规定式样，由省、自治区、直辖市人民政府民政部门监制。

第二十六条 本条例自 2006 年 3 月 1 日起施行。1994 年 1 月 23 日国务院发布的《农村五保供养工作条例》同时废止。

附　录

国务院关于在全国建立农村
最低生活保障制度的通知

国发〔2007〕19号

各省、自治区、直辖市人民政府，国务院各部委、各直属机构：

为贯彻落实党的十六届六中全会精神，切实解决农村贫困人口的生活困难，国务院决定，2007年在全国建立农村最低生活保障制度。现就有关问题通知如下：

一、充分认识建立农村最低生活保障制度的重要意义

改革开放以来，我国经济持续快速健康发展，党和政府高度重视"三农"工作，不断加大扶贫开发和社会救助工作力度，农村贫困人口数量大幅减少。但是，仍有部分贫困人口尚未解决温饱问题，需要政府给予必要的救助，以保障其基本生活，并帮助其中有劳动能力的人积极劳动脱贫致富。党的十六大以来，部分地区根据中央部署，积极探索建立农村最低生活保障制度，为全面解决农村贫困人口的基本生活问题打下了良好基础。在全国建立农村最低生活保障制度，是践行"三个代表"重要思想、落实科学发展观和构建社会主义和谐社会的必然要求，是解决农村贫困人口温饱问题的重要举措，也是建立覆盖城乡的社会保障体系的重要内容。做好这一工作，对于促进农村经济社会发展，逐步缩小城乡差距，维护社

会公平具有重要意义。各地区、各部门要充分认识建立农村最低生活保障制度的重要性，将其作为社会主义新农村建设的一项重要任务，高度重视，扎实推进。

二、明确建立农村最低生活保障制度的目标和总体要求

建立农村最低生活保障制度的目标是：通过在全国范围建立农村最低生活保障制度，将符合条件的农村贫困人口全部纳入保障范围，稳定、持久、有效地解决全国农村贫困人口的温饱问题。

建立农村最低生活保障制度，实行地方人民政府负责制，按属地进行管理。各地要从当地农村经济社会发展水平和财力状况的实际出发，合理确定保障标准和对象范围。同时，要做到制度完善、程序明确、操作规范、方法简便，保证公开、公平、公正。要实行动态管理，做到保障对象有进有出，补助水平有升有降。要与扶贫开发、促进就业以及其他农村社会保障政策、生活性补助措施相衔接，坚持政府救济与家庭赡养扶养、社会互助、个人自立相结合，鼓励和支持有劳动能力的贫困人口生产自救，脱贫致富。

三、合理确定农村最低生活保障标准和对象范围

农村最低生活保障标准由县级以上地方人民政府按照能够维持当地农村居民全年基本生活所必需的吃饭、穿衣、用水、用电等费用确定，并报上一级地方人民政府备案后公布执行。农村最低生活保障标准要随着当地生活必需品价格变化和人民生活水平提高适时进行调整。

农村最低生活保障对象是家庭年人均纯收入低于当地最低生活保障标准的农村居民，主要是因病残、年老体弱、丧失劳动能力以及生存条件恶劣等原因造成生活常年困难的农村居民。

四、规范农村最低生活保障管理

农村最低生活保障的管理既要严格规范，又要从农村实际出

发，采取简便易行的方法。

（一）申请、审核和审批

申请农村最低生活保障，一般由户主本人向户籍所在地的乡（镇）人民政府提出申请；村民委员会受乡（镇）人民政府委托，也可受理申请。受乡（镇）人民政府委托，在村党组织的领导下，村民委员会对申请人开展家庭经济状况调查、组织村民会议或村民代表会议民主评议后提出初步意见，报乡（镇）人民政府；乡（镇）人民政府审核后，报县级人民政府民政部门审批。乡（镇）人民政府和县级人民政府民政部门要核查申请人的家庭收入，了解其家庭财产、劳动力状况和实际生活水平，并结合村民民主评议，提出审核、审批意见。在核算申请人家庭收入时，申请人家庭按国家规定所获得的优待抚恤金、计划生育奖励与扶助金以及教育、见义勇为等方面的奖励性补助，一般不计入家庭收入，具体核算办法由地方人民政府确定。

（二）民主公示

村民委员会、乡（镇）人民政府以及县级人民政府民政部门要及时向社会公布有关信息，接受群众监督。公示的内容重点为：最低生活保障对象的申请情况和对最低生活保障对象的民主评议意见、审核、审批意见，实际补助水平等情况。对公示没有异议的，要按程序及时落实申请人的最低生活保障待遇；对公示有异议的，要进行调查核实，认真处理。

（三）资金发放

最低生活保障金原则上按照申请人家庭年人均纯收入与保障标准的差额发放，也可以在核查申请人家庭收入的基础上，按照其家庭的困难程度和类别，分档发放。要加快推行国库集中支付方式，通过代理金融机构直接、及时地将最低生活保障金支付到最低生活保障对象账户。

（四）动态管理

乡（镇）人民政府和县级人民政府民政部门要采取多种形式，定期或不定期调查了解农村困难群众的生活状况，及时将符合条件的困难群众纳入保障范围；并根据其家庭经济状况的变化，及时按程序办理停发、减发或增发最低生活保障金的手续。保障对象和补助水平变动情况都要及时向社会公示。

五、落实农村最低生活保障资金

农村最低生活保障资金的筹集以地方为主，地方各级人民政府要将农村最低生活保障资金列入财政预算，省级人民政府要加大投入。地方各级人民政府民政部门要根据保障对象人数等提出资金需求，经同级财政部门审核后列入预算。中央财政对财政困难地区给予适当补助。

地方各级人民政府及其相关部门要统筹考虑农村各项社会救助制度，合理安排农村最低生活保障资金，提高资金使用效益。同时，鼓励和引导社会力量为农村最低生活保障提供捐赠和资助。农村最低生活保障资金实行专项管理，专账核算，专款专用，严禁挤占挪用。

六、加强领导，确保农村最低生活保障制度的顺利实施

在全国建立农村最低生活保障制度，是一项重大而又复杂的系统性工作。地方各级人民政府要高度重视，将其纳入政府工作的重要议事日程，加强领导，明确责任，统筹协调，抓好落实。

要精心设计制度方案，周密组织实施。各省、自治区、直辖市人民政府制订和修订的方案，要报民政部、财政部备案。已建立农村最低生活保障制度的，要进一步完善制度，规范操作，努力提高管理水平；尚未建立农村最低生活保障制度的，要抓紧建章立制，在今年内把最低生活保障制度建立起来并组织实施。要加大政策宣传力度，利用广播、电视、报刊、互联网等媒体，做好宣传普及工

作，使农村最低生活保障政策进村入户、家喻户晓。要加强协调与配合，各级民政部门要发挥职能部门作用，建立健全各项规章制度，推进信息化建设，不断提高规范化、制度化、科学化管理水平；财政部门要落实资金，加强对资金使用和管理的监督；扶贫部门要密切配合、搞好衔接，在最低生活保障制度实施后，仍要坚持开发式扶贫的方针，扶持有劳动能力的贫困人口脱贫致富。要做好新型农村合作医疗和农村医疗救助工作，防止因病致贫或返贫。要加强监督检查，县级以上地方人民政府及其相关部门要定期组织检查或抽查，对违法违纪行为及时纠正处理，对工作成绩突出的予以表彰，并定期向上一级人民政府及其相关部门报告工作进展情况。各省、自治区、直辖市人民政府要于每年年底前，将农村最低生活保障制度实施情况报告国务院。

农村最低生活保障工作涉及面广、政策性强、工作量大，地方各级人民政府在推进农村综合改革，加强农村公共服务能力建设的过程中，要统筹考虑建立农村最低生活保障制度的需要，科学整合县乡管理机构及人力资源，合理安排工作人员和工作经费，切实加强工作力量，提供必要的工作条件，逐步实现低保信息化管理，努力提高管理和服务质量，确保农村最低生活保障制度顺利实施和不断完善。

国务院

二〇〇七年七月十一日

关于做好农村社会养老保险和被征地
农民社会保障工作有关问题的通知

劳社部发〔2007〕31 号

各省、自治区、直辖市劳动保障厅（局）、民政厅（局）：

经请示国务院领导同志同意，今年要对农村社会养老保险（以下简称农保）基金进行全面审计，摸清底数；对农保工作进行清理，理顺管理体制，妥善处理被处置金融机构中的农保基金债权；研究提出推进农保工作的意见。为贯彻落实国务院要求，现就有关事项通知如下：

一、积极配合审计部门做好农保基金全面审计工作

（一）高度重视农保基金审计工作

目前，国家审计署对农保基金的全面审计工作已经开始，将于今年第四季度完成。各级劳动保障和尚未完成职能划转和工作移交的民政部门要充分认识做好农保基金审计工作对确保基金安全、推进农保工作的重要性，积极配合审计部门开展工作，确保审计工作顺利完成。

（二）认真做好自查自纠工作

各级农保主管部门要立即组织农保经办机构对农保基金管理使用情况进行全面自查，认真纠正违规问题。要把自查自纠工作作为配合审计工作的一项重要内容，抓实抓细，做好接受全面审计检查的准备工作。

（三）做好基金审计后的整改工作

各地要认真落实审计部门的审计意见和审计决定，对审计中发现的问题，进行认真梳理，采取经济、行政和法律的手段，按要求坚决回收违规基金。劳动和社会保障部将对重点地区整改工作进行督查。

二、尽快理顺农保管理体制

（一）及时完成职能划转和工作移交

没有完成职能划转和工作移交的地方，要按照《关于省级政府劳动和社会保障以及药品监督管理工作机构有关问题的通知》（中编办发〔1998〕8号）和《关于构建市县劳动和社会保障机构有关问题的通知》（中编办发〔2000〕18号）要求，在全面审计、摸清底数的基础上，于2007年12月底之前完成各级农保职能、机构、人员、档案、基金由民政部门向劳动保障部门的整体移交工作。劳动保障部门、民政部门要加强协调，共同指导、督促各地做好农保移交工作，切实加强农保机构建设，提高经办能力。

（二）妥善解决农保机构设置和乡镇农保的管理问题

在整体移交工作中，要按照统筹城乡社会保险事业发展的要求，妥善解决农保机构、编制和职能设置问题。各级劳动保障部门要商同级财政部门，将农保机构的工作和人员经费纳入同级财政预算，同时取消从收取的农保基金中提取管理费的做法，杜绝挤占挪用基金发工资等现象。

（三）建立健全农保基金管理和监督制度

各地要进一步加强农保基金的财务管理，规范会计核算。各级农保经办机构要按照《社会保险经办机构内部控制暂行办法》（劳社部发〔2007〕2号）的要求，加强内控制度建设，建立健全内部规章制度和基金内审稽核制度，规范经办行为，控制经办风险，提高管理水平，保证基金安全。各级社会保险基金监督机构要落实《关于进一步防范农村社会养老保险基金风险的紧急通知》（劳社部函〔2004〕240号）的要求，将农保基金纳入日常监管业务范围，切实履行监督职责，对农保基金的管理使用情况进行定期检查。

三、积极推进新型农保试点工作

（一）试点原则

要按照保基本、广覆盖、能转移、可持续的原则，以多种方式推进新型农保制度建设。要根据党的十六届六中全会关于"建立覆盖城乡居民的社会保障体系"和"加大公共财政对农村社会保障制度建设的投入"的要求，以缴费补贴、老人直补、基金贴息、待遇调整等多种方式，建立农民参保补贴制度，不断扩大覆盖范围，逐步提高待遇水平。

（二）试点办法

要在深入调研、认真总结已有工作经验的基础上，坚持从当地实际出发，研究制定新型农保试点办法。以农村有缴费能力的各类从业人员为主要对象，完善个人缴费、集体（或用人单位）补助、政府补贴的多元化筹资机制，建立以个人账户为主、保障水平适度、缴费方式灵活、账户可随人转移的新型农保制度和参保补贴机制。有条件的地区也可建立个人账户为主、统筹调剂为辅的养老保险制度。要引导部分乡镇、村组已建立的各种养老补助制度逐步向社会养老保险制度过渡，实现可持续发展。

（三）试点选择

要选择城镇化进程较快、地方财政状况较好、政府和集体经济有能力对农民参保给予一定财政支持的地方开展农保试点，为其他具备条件地方建立农保制度积累经验。东部经济较发达的地级市可选择1—2个县级单位开展试点工作，中西部各省（自治区、直辖市）可选择3—5个县级单位开展试点。各试点县市名单和试点方案报劳动和社会保障部备案。

四、切实做好被征地农民社会保障工作

（一）高度重视被征地农民社会保障工作

各地要根据国务院关于做好被征地农民社会保障工作一系列政策文件要求，在今年内出台被征地农民社会保障实施办法，全面开展被征地农民社会保障工作。要明确工作责任，加强被征地农民社会保障经办工作，建立被征地农民社会保障工作统计报告制度，加强对工作进展的调度和督促检查。要认真研究解决工作中出现的新情况和新问题，及时总结交流经验。今年下半年有关部门将进行专项检查，督促各地做好被征地农民社会保障工作。

（二）明确被征地农民社会保障工作机构和职责

各级劳动保障部门作为被征地农民社会保障工作的主管部门，负责被征地农民社会保障政策的制定和实施。劳动保障行政部门负责拟定被征地农民社会保障对象、项目、标准以及费用筹集等政策办法，具体经办工作由负责被征地农民社会保障工作的社会保险经办机构办理。要严格按《国务院办公厅转发劳动保障部关于做好被征地农民就业培训和社会保障工作指导意见的通知》（国办发〔2006〕29号）和《国务院办公厅关于规范国有土地使用权出让收支管理的通知》（国办发〔2006〕100号）关于保障项目、标准和资金安排的要求，搞好被征地农民社会保障测算工作，足额筹集被征地农民社会保障资金，确保被征地农民原有生活水平不降低，长远生计有保障，确保制度的可持续发展。

（三）规范被征地农民社会保障审核工作

需报国务院批准征地的，由省、自治区、直辖市劳动和社会保障厅（局）根据《关于切实做好被征地农民社会保障工作有关问题的通知》（劳社部发〔2007〕14号）的规定，对被征地农民社会保障项目、标准、资金安排和落实措施提出审核意见；需报省级政府批准征地的，由省辖市（州、盟）劳动和社会保障局提出审核意见。

中华人民共和国劳动保障部
中华人民共和国民政部
中华人民共和国审计署
二〇〇七年八月十七日

关于做好农村最低生活保障制度与扶贫
开发政策有效衔接的指导意见

国务院办公厅转发民政部等部门关于做好

农村最低生活保障制度与扶贫开发政策

有效衔接指导意见的通知

国办发〔2016〕70号

各省、自治区、直辖市人民政府，国务院各部委、各直属机构：

民政部、国务院扶贫办、中央农办、财政部、国家统计局、中国残联《关于做好农村最低生活保障制度与扶贫开发政策有效衔接的指导意见》已经国务院同意，现转发给你们，请认真贯彻执行。

国务院办公厅

2016 年 9 月 17 日

为贯彻落实党中央、国务院关于打赢脱贫攻坚战的决策部署，切实做好农村最低生活保障（以下简称低保）制度与扶贫开发政策有效衔接工作，确保到 2020 年现行扶贫标准下农村贫困人口实现脱贫，制定本意见。

一、总体要求

（一）指导思想

全面贯彻党的十八大和十八届三中、四中、五中全会精神，深入贯彻习近平总书记系列重要讲话精神特别是关于扶贫开发重要指示精神，认真落实党中央、国务院决策部署，紧紧围绕"五位一体"总体布局和"四个全面"战略布局，牢固树立创新、协调、绿色、开放、共享的发展理念，坚持精准扶贫精准脱贫基本方略，以制度有效衔接为重点，加强部门协作，完善政策措施，健全工作机制，形成制度合力，充分发挥农村低保制度在打赢脱贫攻坚战中的兜底保障作用。

（二）基本原则

坚持应扶尽扶。精准识别农村贫困人口，将符合条件的农村低保对象全部纳入建档立卡范围，给予政策扶持，帮助其脱贫增收。

坚持应保尽保。健全农村低保制度，完善农村低保对象认定办法，加强农村低保家庭经济状况核查，及时将符合条件的建档立卡贫困户全部纳入农村低保范围，保障其基本生活。

坚持动态管理。做好农村低保对象和建档立卡贫困人口定期核查，建立精准台账，实现应进则进、应退则退。建立健全严格、规范、透明的贫困户脱贫和低保退出标准、程序、核查办法。

坚持资源统筹。统筹各类救助、扶贫资源，将政府兜底保障与扶贫开发政策相结合，形成脱贫攻坚合力，实现对农村贫困人口的全面扶持。

（三）主要目标

通过农村低保制度与扶贫开发政策的有效衔接，形成政策合力，对符合低保标准的农村贫困人口实行政策性保障兜底，确保到2020年现行扶贫标准下农村贫困人口全部脱贫。

二、重点任务

（一）加强政策衔接

在坚持依法行政、保持政策连续性的基础上，着力加强农村低保制度与扶贫开发政策衔接。对符合农村低保条件的建档立卡贫困户，按规定程序纳入低保范围，并按照家庭人均收入低于当地低保标准的差额发给低保金。对符合扶贫条件的农村低保家庭，按规定程序纳入建档立卡范围，并针对不同致贫原因予以精准帮扶。对返贫的家庭，按规定程序审核后，相应纳入临时救助、医疗救助、农村低保等社会救助制度和建档立卡贫困户扶贫开发政策覆盖范围。对不在建档立卡范围内的农村低保家庭、特困人员，各地统筹使用相关扶贫开发政策。贫困人口参加农村基本医疗保险的个人缴费部分由财政给予补贴，对基本医疗保险和大病保险支付后个人自负费用仍有困难的，加大医疗救助、临时救助、慈善救助等帮扶力度，符合条件的纳入重特大疾病医疗救助范围。对农村低保家庭中的老年人、未成年人、重度残疾人、重病患者等重点救助对象，要采取多种措施提高救助水平，保障其基本生活，严格落实困难残疾人生活补贴制度和重度残疾人护理补贴制度。

（二）加强对象衔接

县级民政、扶贫等部门和残联要密切配合，加强农村低保和扶贫开发在对象认定上的衔接。完善农村低保家庭贫困状况评估指标体系，以家庭收入、财产作为主要指标，根据地方实际情况适当考虑家庭成员因残疾、患重病等增加的刚性支出因素，综合评估家庭贫困程度。进一步完善农村低保和建档立卡贫困家庭经济状况核查机制，明确核算范围和计算方法。对参与扶贫开发项目实现就业的农村低保家庭，在核算其家庭收入时，可以扣减必要的就业成本，具体扣减办法由各地根据实际情况研究制定。"十三五"期间，在农村低保和扶贫对象认定时，中央确定的农村居民基本养老保险基础养老金暂不计入家庭收入。

（三）加强标准衔接

各地要加大省级统筹工作力度，制定农村低保标准动态调整方案，确保所有地方农村低保标准逐步达到国家扶贫标准。农村低保标准低于国家扶贫标准的地方，要按照国家扶贫标准综合确定农村低保的最低指导标准。农村低保标准已经达到国家扶贫标准的地方，要按照动态调整机制科学调整。进一步完善农村低保标准与物价上涨挂钩的联动机制，确保困难群众不因物价上涨影响基本生活。各地农村低保标准调整后应及时向社会公布，接受社会监督。

（四）加强管理衔接

对农村低保对象和建档立卡贫困人口实施动态管理。乡镇人民政府（街道办事处）要会同村（居）民委员会定期、不定期开展走访调查，及时掌握农村低保家庭、特困人员和建档立卡贫困家庭人口、收入、财产变化情况，并及时上报县级民政、扶贫部门。县级民政部门要将农村低保对象、特困人员名单提供给同级扶贫部门；县级扶贫部门要将建档立卡贫困人口名单和脱贫农村低保对象名单、脱贫家庭人均收入等情况及时提供给同级民政部门。健全信息公开机制，乡镇人民政府（街道办事处）要将农村低保和扶贫开发情况纳入政府信息公开范围，将建档立卡贫困人口和农村低保对象、特困人员名单在其居住地公示，接受社会和群众监督。

三、工作要求

（一）制定实施方案

按照中央统筹、省负总责、市县抓落实的工作机制，各省（区、市）民政、扶贫部门要会同有关部门抓紧制定本地区实施方案，各市县要进一步明确衔接工作目标、重点任务、实施步骤和行动措施，确保落到实处。2016年11月底前，各省（区、市）民政、扶贫部门要将实施方案报民政部、国务院扶贫办备案。

（二）开展摸底调查

2016年12月底前，县级民政、扶贫部门和残联要指导乡镇人民政府（街道办事处）抓紧开展一次农村低保对象和建档立卡贫困人口台账比对，逐户核对农村低保对象和建档立卡贫困人口，掌握纳入建档立卡范围的农村低保对象、特困人员、残疾人数据，摸清建档立卡贫困人口中完全或部分丧失劳动能力的贫困家庭情况，为做好农村低保制度与扶贫开发政策有效衔接奠定基础。

（三）建立沟通机制

各地要加快健全低保信息系统和扶贫开发信息系统，逐步实现低保和扶贫开发信息系统互联互通、信息共享，不断提高低保、扶贫工作信息化水平。县级残联要与民政、扶贫等部门加强贫困残疾人和重度残疾人相关信息的沟通。县级民政、扶贫部门要定期会商交流农村低保对象和建档立卡贫困人口变化情况，指导乡镇人民政府（街道办事处）及时更新农村低保对象和建档立卡贫困人口数据，加强信息核对，确保信息准确完整、更新及时，每年至少比对一次台账数据。

（四）强化考核监督

各地要将农村低保制度与扶贫开发政策衔接工作分别纳入低保工作绩效评价和脱贫攻坚工作成效考核体系。加大对农村低保制度与扶贫开发政策衔接工作的督促检查力度，加强社会监督，建立第三方评估机制，增强约束力和工作透明度。健全责任追究机制，对衔接工作中出现的违法违纪问题，要依法依纪严肃追究有关人员责任。

四、保障措施

（一）明确职责分工

各地民政、扶贫、农村工作、财政、统计等部门和残联要各负其责，加强沟通协调，定期会商交流情况，研究解决存在的问题。民政部门牵头做好农村低保制度与扶贫开发政策衔接工作；扶贫部门落实扶贫开发政策，配合做好衔接工作；农村工作部门综合指导衔接政策设计工作；财政部门做好相关资金保障工作；统计部门会同有关部门组织实施农村贫困监测，及时提供调整低保标准、扶贫标准所需的相关数据；残联会同有关部门及时核查残疾人情况，配合做好对农村低保对象和建档立卡贫困人口中残疾人的重点帮扶工作。

（二）加强资金统筹

各地财政部门要按照国务院有关要求，结合地方实际情况，推进社会救助资金统筹使用，盘活财政存量资金，增加资金有效供给；优化财政支出结构，科学合理编制预算，提升资金使用效益。中央财政安排的社会救助补助资金，重点向保障任务重、地方财政困难、工作绩效突出的地区倾斜。各地财政、民政部门要加强资金使用管理情况检查，确保资金使用安全、管理规范。

（三）提高工作能力

加强乡镇人民政府（街道办事处）社会救助能力建设，探索建立村级社会救助协理员制度，在乡镇人民政府（街道办事处）现有编制内，根据社会救助对象数量等因素配备相应工作人员，加大业务培训力度，进一步提高基层工作人员服务和管理能力。通过政府购买服务等方式，引入社会力量参与提供农村低保服务。充分发挥第一书记和驻村工作队在落实农村低保制度和扶贫开发政策中的骨干作用。进一步健全社会救助"一门受理、协同办理"工作机制，为农村低保对象和建档立卡贫困人口提供"一站式"便民服务。

（四）强化舆论引导

充分利用新闻媒体和基层政府便民服务窗口、公园广场、医疗机构、村（社区）公示栏等，组织开展有针对性的农村低保制度和扶贫开发政策宣传活动，在全社会努力营造积极参与和支持的浓厚氛围。坚持正确舆论导向，积极弘扬正能量，着力增强贫困群众脱贫信心，鼓励贫困群众在政府扶持下依靠自我奋斗实现脱贫致富。

县级农村社会养老保险
基本方案（试行）

民政部关于印发《县级农村社会养老保险
基本方案（试行）》的通知

民办发〔1992〕2 号

各省、自治区、直辖市民政厅（局）、各计划单列市民
政局：

根据国务院《关于企业职工养老保险制度改革的决
定》（国发〔1991〕33 号）中关于农村（含乡镇企业）
的养老保险制度改革，由民政部负责，具体办法另行制定
的决定，民政部制定了《县级农村社会养老保险基本方案
（试行）》。方案草案几经征求意见，并在几十个试点县
（市）试行了一个阶段。实践表明，《方案》比较符合农
村的实际，是可行的。现将《县级农村社会养老保险基本
方案（试行）》印发给你们，请各地向党委和政府汇报，
并在工作中，结合实际情况，认真贯彻执行。在执行中，
总结经验，使之不断完善。

民政部办公厅

一九九二年一月三日

一、指导思想和基本原则

农村社会养老保险是国家保障全体农民老年基本生活的制度，
是政府的一项重要社会政策。建立农村社会养老保险制度，要从我

国农村的实际出发，以保障老年人基本生活为目的；坚持资金个人交纳为主，集体补助为辅，国家予以政策抚持；坚持自助为主、互济为辅；坚持社会养老保险与家庭养老相结合；坚持农村务农、务工、经商等各类人员社会养老保险制度一体化的方向。由点到面，逐步发展。

二、保险对象及交纳、领取保险费的年龄

1. 保险对象：市城镇户口、不由国家供应商品粮的农村人口。一般以村为单位确认（包括村办企业职工、私营企业、个体户、外出人员等），组织投保。乡镇企业职工、民办教师、乡镇招聘干部、职工等，可以以乡镇或企业为单位确认，组织投保。少数乡镇因经济或地域等原因，也可以先搞乡镇企业职工的养老保险。外来劳务人员，原则上在其户口所在地参加养老保险。

2. 交纳保险年龄不分性别、职业为 20 周岁至 60 周岁。领取养老保险金的年龄一般在 60 周岁以后。

三、保险资金的筹集

资金筹集坚持以个人交纳为主，集体补助为辅，国家给予政策抚持的原则。个人交纳要占一定比例；集体补助主要从乡镇企业利润和集体积累中支付；国家予以政策扶持，主要是通过对乡镇企业支付集体补助予以税前列支体现。

1. 在以个人交纳为主的基础上，集体可根据其经济状况予以适当补助（含国家让利部分）。具体方法，可由县或乡（镇）、村、企业制定。

2. 个人的交费和集体的补助（含国家让利），分别记帐在个人名下。

3. 同一投保单位，投保对象平等享受集体补助。

按计划生育有关政策，在没有实行独生子女补助的地区，独生子女父母参加养老保险，集体补助可高于其它对象。具体办法由地方政府制定。

4. 乡镇企业职工的个人交费、企业补助分别记帐在个人名下，建立职工个人帐户，企业补助的比例，可同地方或企业根据情况决定。企业对职工及其它人员的集体补助，应予按工资总额的一定比例税前列支。具体办法由地方政府制定。

四、交费标准、支付及变动

1. 多档次，月交费标准设 2、4、6、8、10、12、14、16、18、20 元十个档次，供不同的地区以及乡镇、村、企业和投保人选择。各业人员的交费档次可以有所区别。交费标准范围的选择以及按月交费还是按年交费，均由县（市）政府决定。

2. 养老保险费可以补交和预交。个人补交或预交保险费，集体可视情况决定是否给预补助。补交后，总交费年数不得超过四十年。预交年数一般不超过三年。

3. 个人或集体根据收入的提高或下降，经社会养老保险管理部门批准，可按规定调整交纳档次。

4. 当遇到各种自然灾害或其它原因，个人或集体无能力交纳养老保险金，经社会养老保险管理部门批准，在规定的时间内可暂时停交保费。恢复交费后，对于停交期的保费，有条件也可以自愿补齐。服刑者停交保险费，刑满回原籍者，原保险关系可以恢复，继续投保。

5. 投保人在交费期间身亡者，个人交纳全部本息，退给其法定继承人或指定受益人。

6. 领取养老金从 60 周岁以后开始，根据交费的标准、年限，确定支付标准（具体标准，另行下发）。调整交费标准或中断交费者，其领取养老金标准，需待交费终止时，将各档次，各时期积累的保险金额合并，重新计算。

投保人领取养老金，保证期为十年。领取养老金不足十年身亡者，保证期内的养老金余额可以继承。无继承人或指定受益人者，按农村社会养老保险管理机构的有关规定支付丧葬费用。

领取养老金超过 10 年的长寿者，支付养老金直至身亡为止。

7. 投保对象从本县（市）迁往外地，若迁入地已建立农村社会养老保险制度，需将其保险关系（含资金）转入迁入地农村社会养老保险管理机构。若迁入地尚未建立养老保险制度，可将其个人交纳全部本息退发本人。

8. 投保人招工、提干、考学等农转非，可将保险关系（含资金）转入新的保险轨道，或将个人交纳全部本息退还本人。

五、基金的管理与保值增殖

基金以县为单位统一管理。保值增殖主要是购买国家财政发行的高利率债券和存入银行，不直接用于投资。基金使用，必须兼顾当前利益和长远利益，国家利益和地方利益，同时要建立监督保障机制。

1. 县（市）农村社会养老保险机构，在指定的专业银行设立农村社会养老保险基金专户，专帐专管，专款专用。民政部门和其它部门都不能动用资金。

2. 各乡镇交纳的养老保险基金直接入银行的专户。

3. 养老保险基金除需现支付部分外，原则上应及时转为国家债券。国家以偿还债务的形式返回养老金。现金通过银行收付。

4. 养老保险基金用于地方建设，原则上不由地方直接用于投资，而是存入银行，地方通过向银行贷款，用于建设。具体做法，另行规定。

5. 农村社会养老基金和按规定提取的管理服务费以及个人领取的养老金，都不计征税、费。

六、立法、机构、管理和经费

1. 根据《基本方案》，由县（市）政府制定《农村社会养老保险暂行管理办法》。通过实践，补充完善后，由政府发布决定或命令，依法建立农村社会养老保险制度。

2. 县级以上人民政府要设立农村社会养老保险基金管理委员会，实施对养老保险基金管理的指导和监督。委员会由政府主管领导同志任主任，其成员由民政、财政、税务、计划、乡镇企业、审计、银行等部门的负责同志和投保人代表组成。乡（镇）、村两级群众性的社会保障委员会要协助工作，并发挥监督作用。

3. 县（市）成立农村社会养老保险事业管理处（隶属民政局），为非营利性的事业机构，经办农村社会养老保险的具体业务，管理养老保险基金。

4. 乡镇设代办站或招聘代办员，负责收取、支付保费、登记建帐及其它日常工作。

5. 村由会计、出纳代办，负责收取保费、发放养老金等工作。

6. 农村社会养老保险，按人立户记帐建档，实行村（企业）、乡、县三级管理。保险费必须按期交纳，按规定进入银行专用帐户。逾期可罚交滞纳金。发给投保人保险费交费凭证，到领取年龄后，换发支付凭证。随着条件的成熟，逐步建立个人社会保障号码，运用计算机管理，提高效率。

7. 县（市）成立的事业性质农村社会养老保险机构，地方财政可一次性拨给开办费，逐步过渡到全部费用由管理服务费支出。管理服务费按国家的规定提取并分级使用。

七、理顺关系，稳妥处理与部分现行养老办法的衔接

农民的社会养老保险，是国家在农村建立的基本养老保障制度，标准较低，覆盖面大。除此之外，乡村（含乡镇企业）还可根据其经济力量，自办各种形式的补充养老保障，鼓励发展个人的养老储蓄。同时应充分发挥农村已有的各种基层社会保障形式的功能，形成更为完善、具有中国特色的农村社会保障体系。

1. 由保险公司开办的各种保险,可暂时维持现状,但不能再扩大,避免给建立农村社会养老保险制度造成困难。

2. 对于目前一些部门已搞的养老保险和乡(镇)、村或乡镇企业的退休办法等,要慎重对待。一些以集体经济为基础的现收现支养老办法和其它形式的做法,有的可作为社会养老保险的补充层次而保留。有的待工作开展后,逐步调整。

3. 对于优抚对象、社会救济对象、五保户、贫困户,现行保障政策不变。

生活保障有关政策办法

失业保险条例

中华人民共和国国务院令

第 258 号

《失业保险条例》，已经 1998 年 12 月 16 日国务院第 11 次常务会议通过，现予发布，自发布之日起施行。

总理　朱镕基

一九九九年一月二十二日

第一章　总　则

第一条　为了保障失业人员失业期间的基本生活，促进其再就业，制定本条例。

第二条　城镇企业事业单位、城镇企业事业单位职工依照本条例的规定，缴纳失业保险费。

城镇企业事业单位失业人员依照本条例的规定，享受失业保险待遇。

本条所称城镇企业，是指国有企业、城镇集体企业、外商投资企业、城镇私营企业以及其他城镇企业。

第三条 国务院劳动保障行政部门主管全国的失业保险工作。县级以上地方各级人民政府劳动保障行政部门主管本行政区域内的失业保险工作。劳动保障行政部门按照国务院规定设立的经办失业保险业务的社会保险经办机构依照本条例的规定，具体承办失业保险工作。

第四条 失业保险费按照国家有关规定征缴。

第二章 失业保险基金

第五条 失业保险基金由下列各项构成：

（一）城镇企业事业单位、城镇企业事业单位职工缴纳的失业保险费；

（二）失业保险基金的利息；

（三）财政补贴；

（四）依法纳入失业保险基金的其他资金。

第六条 城镇企业事业单位按照本单位工资总额的百分之二缴纳失业保险费。城镇企业事业单位职工按照本人工资的百分之一缴纳失业保险费。城镇企业事业单位招用的农民合同制工人本人不缴纳失业保险费。

第七条 失业保险基金在直辖市和设区的市实行全市统筹；其他地区的统筹层次由省、自治区人民政府规定。

第八条 省、自治区可以建立失业保险调剂金。

失业保险调剂金以统筹地区依法应当征收的失业保险费为基数，按照省、自治区人民政府规定的比例筹集。

统筹地区的失业保险基金不敷使用时，由失业保险调剂金调剂、地方财政补贴。

失业保险调剂金的筹集、调剂使用以及地方财政补贴的具体办法，由省、自治区人民政府规定。

第九条 省、自治区、直辖市人民政府根据本行政区域失业人员数量和失业保险基金数额，报经国务院批准，可以适当调整本行政区域失业保险费的费率。

第十条 失业保险基金用于下列支出：

（一）失业保险金；

（二）领取失业保险金期间的医疗补助金；

（三）领取失业保险金期间死亡的失业人员的丧葬补助金和其供养的配偶、直系亲属的抚恤金；

（四）领取失业保险金期间接受职业培训、职业介绍的补贴，补贴的办法和标准由省、自治区、直辖市人民政府规定；

（五）国务院规定或者批准的与失业保险有关的其他费用。

第十一条 失业保险基金必须存入财政部门在国有商业银行开设的社会保障基金财政专户，实行收支两条线管理，由财政部门依法进行监督。

存入银行和按照国家规定购买国债的失业保险基金，分别按照城乡居民同期存款利率和国债利息计息。失业保险基金的利息并入失业保险基金。

失业保险基金专款专用，不得挪作他用，不得用于平衡财政收支。

第十二条 失业保险基金收支的预算、决算，由统筹地区社会保险经办机构编制，经同级劳动保障行政部门复核、同级财政部门审核，报同级人民政府审批。

第十三条 失业保险基金的财务制度和会计制度按照国家有关规定执行。

第三章　失业保险待遇

第十四条　具备下列条件的失业人员，可以领取失业保险金：

（一）按照规定参加失业保险，所在单位和本人已按照规定履行缴费义务满 1 年的；

（二）非因本人意愿中断就业的；

（三）已办理失业登记，并有求职要求的。

失业人员在领取失业保险金期间，按照规定同时享受其他失业保险待遇。

第十五条　失业人员在领取失业保险金期间有下列情形之一的，停止领取失业保险金，并同时停止享受其他失业保险待遇：

（一）重新就业的；

（二）应征服兵役的；

（三）移居境外的；

（四）享受基本养老保险待遇的；

（五）被判刑收监执行或者被劳动教养的；

（六）无正当理由，拒不接受当地人民政府指定的部门或者机构介绍的工作的；

（七）有法律、行政法规规定的其他情形的。

第十六条　城镇企业事业单位应当及时为失业人员出具终止或者解除劳动关系的证明，告知其按照规定享受失业保险待遇的权利，并将失业人员的名单自终止或者解除劳动关系之日起 7 日内报社会保险经办机构备案。

城镇企业事业单位职工失业后，应当持本单位为其出具的终止或者解除劳动关系的证明，及时到指定的社会保险经办机构办理失业登记。失业保险金自办理失业登记之日起计算。

失业保险金由社会保险经办机构按月发放。社会保险经办机构为失业人员开具领取失业保险金的单证，失业人员凭单证到指定银行领取失业保险金。

第十七条 失业人员失业前所在单位和本人按照规定累计缴费时间满 1 年不足 5 年的，领取失业保险金的期限最长为 12 个月；累计缴费时间满 5 年不足 10 年的，领取失业保险金的期限最长为 18 个月；累计缴费时间 10 年以上的，领取失业保险金的期限最长为 24 个月。重新就业后，再次失业的，缴费时间重新计算，领取失业保险金的期限可以与前次失业应领取而尚未领取的失业保险金的期限合并计算，但是最长不得超过 24 个月。

第十八条 失业保险金的标准，按照低于当地最低工资标准、高于城市居民最低生活保障标准的水平，由省、自治区、直辖市人民政府确定。

第十九条 失业人员在领取失业保险金期间患病就医的，可以按照规定向社会保险经办机构申请领取医疗补助金。医疗补助金的标准由省、自治区、直辖市人民政府规定。

第二十条 失业人员在领取失业保险金期间死亡的，参照当地对在职职工的规定，对其家属一次性发给丧葬补助金和抚恤金。

第二十一条 单位招用的农民合同制工人连续工作满 1 年，本单位并已缴纳失业保险费，劳动合同期满未续订或者提前解除劳动合同的，由社会保险经办机构根据其工作时间长短，对其支付一次性生活补助。补助的办法和标准由省、自治区、直辖市人民政府规定。

第二十二条 城镇企业事业单位成建制跨统筹地区转移，失业人员跨统筹地区流动的，失业保险关系随之转迁。

第二十三条 失业人员符合城市居民最低生活保障条件的，按照规定享受城市居民最低生活保障待遇。

第四章 管理和监督

第二十四条 劳动保障行政部门管理失业保险工作，履行下列职责：

（一）贯彻实施失业保险法律、法规；

（二）指导社会保险经办机构的工作；

（三）对失业保险费的征收和失业保险待遇的支付进行监督检查。

第二十五条 社会保险经办机构具体承办失业保险工作，履行下列职责：

（一）负责失业人员的登记、调查、统计；

（二）按照规定负责失业保险基金的管理；

（三）按照规定核定失业保险待遇，开具失业人员在指定银行领取失业保险金和其他补助金的单证；

（四）拨付失业人员职业培训、职业介绍补贴费用；

（五）为失业人员提供免费咨询服务；

（六）国家规定由其履行的其他职责。

第二十六条 财政部门和审计部门依法对失业保险基金的收支、管理情况进行监督。

第二十七条 社会保险经办机构所需经费列入预算，由财政拨付。

第五章 罚 则

第二十八条 不符合享受失业保险待遇条件，骗取失业保险金和其他失业保险待遇的，由社会保险经办机构责令退还；情节严重的，由劳动保障行政部门处骗取金额1倍以上3倍以下的罚款。

第二十九条 社会保险经办机构工作人员违反规定向失业人员开具领取失业保险金或者享受其他失业保险待遇单证，致使失业保险基金损失的，由劳动保障行政部门责令追回；情节严重的，依法给予行政处分。

第三十条　劳动保障行政部门和社会保险经办机构的工作人员滥用职权、徇私舞弊、玩忽职守，造成失业保险基金损失的，由劳动保障行政部门追回损失的失业保险基金；构成犯罪的，依法追究刑事责任；尚不构成犯罪的，依法给予行政处分。

第三十一条　任何单位、个人挪用失业保险基金的，追回挪用的失业保险基金；有违法所得的，没收违法所得，并入失业保险基金；构成犯罪的，依法追究刑事责任；尚不构成犯罪的，对直接负责的主管人员和其他直接责任人员依法给予行政处分。

第六章　附　　则

第三十二条　省、自治区、直辖市人民政府根据当地实际情况，可以决定本条例适用于本行政区域内的社会团体及其专职人员、民办非企业单位及其职工、有雇工的城镇个体工商户及其雇工。

第三十三条　本条例自发布之日起施行。1993 年 4 月 12 日国务院发布的《国有企业职工待业保险规定》同时废止。

重大劳动保障违法行为
社会公布办法

人力资源和社会保障部令

第 29 号

《重大劳动保障违法行为社会公布办法》已经 2016 年 8 月 1 日人力资源社会保障部第 104 次部务会讨论通过，

现予公布，自 2017 年 1 月 1 日起施行。

人力资源社会保障部部长

2016 年 9 月 1 日

第一条 为加强对重大劳动保障违法行为的惩戒，强化社会舆论监督，促进用人单位遵守劳动保障法律、法规和规章，根据《劳动保障监察条例》《企业信息公示暂行条例》等有关规定，制定本办法。

第二条 人力资源社会保障行政部门依法向社会公布用人单位重大劳动保障违法行为，适用本办法。

第三条 人力资源社会保障行政部门向社会公布重大劳动保障违法行为，应当遵循依法依规、公平公正、客观真实的原则。

第四条 人力资源社会保障部负责指导监督全国重大劳动保障违法行为社会公布工作，并向社会公布在全国有重大影响的劳动保障违法行为。

省、自治区、直辖市人力资源社会保障行政部门负责指导监督本行政区域重大劳动保障违法行为社会公布工作，并向社会公布在本行政区域有重大影响的劳动保障违法行为。

地市级、县级人力资源社会保障行政部门依据行政执法管辖权限，负责本辖区的重大劳动保障违法行为社会公布工作。

第五条 人力资源社会保障行政部门对下列已经依法查处并作出处理决定的重大劳动保障违法行为，应当向社会公布：

（一）克扣、无故拖欠劳动者劳动报酬，数额较大的；拒不支付劳动报酬，依法移送司法机关追究刑事责任的；

（二）不依法参加社会保险或者不依法缴纳社会保险费，情节严重的；

（三）违反工作时间和休息休假规定，情节严重的；

（四）违反女职工和未成年工特殊劳动保护规定，情节严重的；

（五）违反禁止使用童工规定的；

（六）因劳动保障违法行为造成严重不良社会影响的；

（七）其他重大劳动保障违法行为。

第六条　向社会公布重大劳动保障违法行为，应当列明下列事项：

（一）违法主体全称、统一社会信用代码（或者注册号）及地址；

（二）法定代表人或者负责人姓名；

（三）主要违法事实；

（四）相关处理情况。

涉及国家秘密、商业秘密以及个人隐私的信息不得公布。

第七条　重大劳动保障违法行为应当在人力资源社会保障行政部门门户网站公布，并在本行政区域主要报刊、电视等媒体予以公布。

第八条　地市级、县级人力资源社会保障行政部门对本辖区发生的重大劳动保障违法行为每季度向社会公布一次。

人力资源社会保障部和省级人力资源社会保障行政部门每半年向社会公布一次重大劳动保障违法行为。

根据工作需要，对重大劳动保障违法行为可随时公布。

第九条　县级以上地方人力资源社会保障行政部门在向社会公布重大劳动保障违法行为之前，应当将公布的信息报告上一级人力资源社会保障行政部门。

第十条　人力资源社会保障行政部门应当将重大劳动保障违法行为及其社会公布情况记入用人单位劳动保障守法诚信档案，纳入人力资源社会保障信用体系，并与其他部门和社会组织依法依规实施信息共享和联合惩戒。

第十一条 用人单位对社会公布内容有异议的，由负责查处的人力资源社会保障行政部门自收到申请之日起 15 个工作日内予以复核和处理，并通知用人单位。

重大劳动保障违法行为处理决定被依法变更或者撤销的，负责查处的人力资源社会保障行政部门应当自变更或者撤销之日起 10个工作日内，对社会公布内容予以更正。

第十二条 人力资源社会保障行政部门工作人员在重大劳动保障违法行为社会公布中滥用职权、玩忽职守、徇私舞弊的，依法予以处理。

第十三条 本办法自 2017 年 1 月 1 日起施行。

国务院办公厅关于加强困难群众
基本生活保障有关工作的通知

国办发〔2017〕15 号

各省、自治区、直辖市人民政府，国务院各部委、各直属机构：

在党中央、国务院的坚强领导下，近年来困难群众基本生活保障制度不断健全、水平稳步提升。同时，也存在部分保障政策衔接不够、保障水平与群众需求相比存在一定差距等问题。为进一步加强困难群众基本生活保障工作，经国务院同意，现通知如下：

一、进一步提高对困难群众基本生活保障工作重要性的认识

党中央、国务院历来高度重视困难群众基本生活保障工作，近年来先后出台了《社会救助暂行办法》以及临时救助、农村留守儿

童关爱保护、困境儿童保障、特困人员救助供养等政策措施，全面实施了困难残疾人生活补贴和重度残疾人护理补贴制度，高效有序应对了各类重特大自然灾害，有效保障了各类困难群众的基本生活。进一步做好困难群众基本生活保障工作，是维护社会公平、防止冲破道德底线的基本要求，也是补上民生短板、促进社会和谐的内在需要。尽管近年来我国财政收入增速放缓，但是对困难群众的保障水平不能降低、力度不能减弱、工作不能放松。各地各有关部门要认真落实党中央、国务院关于社会政策要托底的部署要求和守住底线、突出重点、完善制度、引导舆论的民生工作思路，进一步加大困难群众基本生活保障工作力度，织密织牢民生兜底保障安全网。

二、进一步加强对重点群体的基本生活保障

各地要加大受灾群众困难排查力度，调整完善自然灾害生活救助政策，做好自然灾害应急救助。加快灾区倒损民房恢复重建，对2016年因遭受特大洪涝灾害仍住在临时安置住所的受灾群众，2017年要全部帮助解决住房问题。进一步落实临时救助制度，建立完善部门联动和快速响应机制，做好救急难工作，及时解决好群众遭遇的突发性、紧迫性、临时性基本生活困难。开展农村贫困人口大病专项救治活动。提高失能半失能特困人员的集中供养比例，将符合特困人员救助供养有关规定的残疾人纳入救助供养范围。统筹推进农村留守儿童和困境儿童保障工作，改善孤儿和贫困残疾儿童等群体的保障条件。鼓励有条件的地方合理提高困难残疾人生活补贴和重度残疾人护理补贴标准。

三、进一步加大困难群众基本生活保障资金投入

各级财政在一般性转移支付中，要把保障困难群众基本生活放在优先位置，确保政府投入只增不减。中央财政已拨付的救助补助资金要抓紧到位。优化财政支出结构、科学合理编制困难群众生活

保障资金预算，增加资金有效供给，提升资金使用效益。落实社会救助和保障标准与物价上涨挂钩联动机制，防止物价波动影响困难群众基本生活。加强资金使用管理绩效评价，推进资金使用管理公示公开，建立健全资金监管机制。完善社会救助家庭经济状况核对机制，做好救助对象准确识别，提高资金使用的精准性和有效性。

四、进一步加强对困难群众基本生活保障工作的组织领导

各有关部门要密切协作，进一步完善政策措施，加强制度衔接和工作衔接，共同做好困难群众基本生活保障工作。发挥好全国社会救助部际联席会议等机制的作用，强化资源统筹、部门联动。各级政府要把困难群众基本生活保障工作作为优先安排，进一步加强领导。全国各县（市、区）都要建立健全由政府负责人牵头，民政部门负责，发展改革、教育、财政、人力资源社会保障、住房城乡建设、卫生计生、扶贫、残联等部门和单位参加的困难群众基本生活保障工作协调机制，定期研究解决本地区各类困难群众基本生活保障问题，确保党中央、国务院相关决策部署更好地落实到基层。各地区要完善"一门受理、协同办理"机制，确保困难群众求助有门、受助及时。推行政府购买社会救助服务，加强基层社会救助经办服务能力。

近期，各地要进一步扎实做好困难群众帮扶救助工作，真正做到解民忧、暖民心。精心组织、广泛开展春节期间对困难群众的走访慰问活动，切实解决低保家庭、建档立卡贫困户、特困人员、贫困残疾人、困难优抚安置对象等困难群众生活的实际问题。全力保障灾区群众生产生活，抓紧发放救灾救助款物。加强各级福利院、特困人员供养机构、救助管理机构等安全管理，切实消除火灾等安全隐患，提升服务保障水平。抓住春节期间外出务工人员集中返乡时机，引导外出务工父母切实履行对农村留守儿童和困境儿童的监

护责任和抚养义务。加强生活无着流浪乞讨人员救助，在露宿人员集中地区设立开放式救助点和临时庇护避寒场所，确保生活无着流浪乞讨人员有饭吃、有衣穿、有场所避寒，给困难群众更多关爱和温暖。

国务院办公厅

2017 年 1 月 26 日

附　录

失业保险金申领发放办法

中华人民共和国劳动和社会保障部令

第 8 号

《失业保险金申领发放办法》已经 2000 年 10 月 10 日
部长办公会议通过，现予发布，自 2001 年 1 月 1 日起
施行。

部长　张左己

二〇〇〇年十月二十六日

第一章　总　则

第一条　为保证失业人员及时获得失业保险金及其他失业保险
待遇，根据《失业保险条例》（以下简称《条例》），制定本办法。

第二条　参加失业保险的城镇企业事业单位职工以及按照省级
人民政府规定参加失业保险的其他单位人员失业后（以下统称失业
人员），申请领取失业保险金、享受其他失业保险待遇适用本办法；
按照规定应参加而尚未参加失业保险的不适用本办法。

第三条　劳动保障行政部门设立的经办失业保险业务的社会保
险经办机构（以下简称经办机构）按照本办法规定受理失业人员领

取失业保险金的申请，审核确认领取资格，核定领取失业保险金、享受其他失业保险待遇的期限及标准，负责发放失业保险金并提供其他失业保险待遇。

第二章　失业保险金申领

第四条　失业人员符合《条例》第十四条规定条件的，可以申请领取失业保险金，享受其他失业保险待遇。其中，非因本人意愿中断就业的是指下列人员：

（一）终止劳动合同的；

（二）被用人单位解除劳动合同的；

（三）被用人单位开除、除名和辞退的；

（四）根据《中华人民共和国劳动法》第三十二条第二、三项与用人单位解除劳动合同的；

（五）法律、行政法规另有规定的。

第五条　失业人员失业前所在单位，应将失业人员的名单自终止或者解除劳动合同之日起 7 日内报受理其失业保险业务的经办机构备案，并按要求提供终止或解除劳动合同证明、参加失业保险及缴费情况证明等有关材料。

第六条　失业人员应在终止或者解除劳动合同之日起 60 日内到受理其单位失业保险业务的经办机构申领失业保险金。

第七条　失业人员申领失业保险金应填写《失业保险金申领表》，并出示下列证明材料：

（一）本人身份证明；

（二）所在单位出具的终止或者解除劳动合同的证明；

（三）失业登记及求职证明；

（四）省级劳动保障行政部门规定的其他材料。

第八条　失业人员领取失业保险金，应由本人按月到经办机构领取，同时应向经办机构如实说明求职和接受职业指导、职业培训情况。

第九条 失业人员在领取失业保险金期间患病就医的，可以按照规定向经办机构申请领取医疗补助金。

第十条 失业人员在领取失业保险金期间死亡的，其家属可持失业人员死亡证明、领取人身份证明、与失业人员的关系证明，按规定向经办机构领取一次性丧葬补助金和其供养配偶、直系亲属的抚恤金。失业人员当月尚未领取的失业保险金可由其家属一并领取。

第十一条 失业人员在领取失业保险金期间，应积极求职，接受职业指导和职业培训。失业人员在领取失业保险金期间求职时，可以按规定享受就业服务减免费用等优惠政策。

第十二条 失业人员在领取失业保险金期间或期满后，符合享受当地城市居民最低生活保障条件的，可以按照规定申请享受城市居民最低生活保障待遇。

第十三条 失业人员在领取失业保险金期间，发生《条例》第十五条规定情形之一的，不得继续领取失业保险金和享受其他失业保险待遇。

第三章　失业保险金发放

第十四条 经办机构自受理失业人员领取失业保险金申请之日起10日内，对申领者的资格进行审核认定，并将结果及有关事项告知本人。经审核合格者，从其办理失业登记之日起计发失业保险金。

第十五条 经办机构根据失业人员累计缴费时间核定其领取失业保险金的期限。失业人员累计缴费时间按照下列原则确定：

（一）实行个人缴纳失业保险费前，按国家规定计算的工龄视同缴费时间，与《条例》发布后缴纳失业保险费的时间合并计算。

（二）失业人员在领取失业保险金期间重新就业后再次失业的，缴费时间重新计算，其领取失业保险金的期限可以与前次失业应领取而尚未领取的失业保险金的期限合并计算，但是最长不得超过24个月。失业人员在领取失业保险金期间重新就业后不满一年再次失业的，可以继续申领其前次失业应领取而尚未领取的失业保险金。

第十六条 失业保险金以及医疗补助金、丧葬补助金、抚恤金、职业培训和职业介绍补贴等失业保险待遇的标准按照各省、自治区、直辖市人民政府的有关规定执行。

第十七条 失业保险金应按月发放，由经办机构开具单证，失业人员凭单证到指定银行领取。

第十八条 对领取失业保险金期限即将届满的失业人员，经办机构应提前一个月告知本人。

失业人员在领取失业保险金期间，发生《条例》第十五条规定情形之一的，经办机构有权即行停止其失业保险金发放，并同时停止其享受其他失业保险待遇。

第十九条 经办机构应当通过准备书面资料、开设服务窗口、设立咨询电话等方式，为失业人员、用人单位和社会公众提供咨询服务。

第二十条 经办机构应按规定负责失业保险金申领、发放的统计工作。

第四章　失业保险关系转迁

第二十一条 对失业人员失业前所在单位与本人户籍不在同一统筹地区的，其失业保险金的发放和其他失业保险待遇的提供由两地劳动保障行政部门进行协商，明确具体办法。协商未能取得一致的，由上一级劳动保障行政部门确定。

第二十二条 失业人员失业保险关系跨省、自治区、直辖市转迁的，失业保险费用应随失业保险关系相应划转。需划转的失业保险费用包括失业保险金、医疗补助金和职业培训、职业介绍补贴。其中，医疗补助金和职业培训、职业介绍补贴按失业人员应享受的失业保险金总额的一半计算。

第二十三条 失业人员失业保险关系在省、自治区范围内跨统筹地区转迁，失业保险费用的处理由省级劳动保障行政部门规定。

第二十四条 失业人员跨统筹地区转移的，凭失业保险关系迁出地经办机构出具的证明材料到迁入地经办机构领取失业保险金。

第五章 附 则

第二十五条 经办机构发现不符合条件，或以涂改、伪造有关材料等非法手段骗取失业保险金和其他失业保险待遇的，应责令其退还；对情节严重的，经办机构可以提请劳动保障行政部门对其进行处罚。

第二十六条 经办机构工作人员违反本办法规定的，由经办机构或主管该经办机构的劳动保障行政部门责令其改正；情节严重的，依法给予行政处分；给失业人员造成损失的，依法赔偿。

第二十七条 失业人员因享受失业保险待遇与经办机构发生争议的，可以向主管该经办机构的劳动保障行政部门申请行政复议。

第二十八条 符合《条例》规定的劳动合同期满未续订或者提前解除劳动合同的农民合同制工人申领一次性生活补助，按各省、自治区、直辖市办法执行。

第二十九条 《失业保险金申领表》的样式，由劳动和社会保障部统一制定。

第三十条 本办法自二〇〇一年一月一日起施行。

失业保险金申领登记表

（本文为参考资料）

身份证号码																	
姓名		性别	□1. 男 □2. 女	出 生 年 月	年 月 日		
民　族			婚姻 状况	□1. 未婚 □2. 已婚			
文化程度		□1. 博士及以上　□2. 硕士　□3. 本科 □4. 大专　□5. 高中　□6. 中专 □7. 技校　□8. 初中及以下					
职业资格等级		一级（高级技师）□二级（技师）□三级（高级工） □四级（中级工）□五级（初级工）					
家庭住址							
联系电话				邮政编码			
变更地址							
联系电话				邮政编码			
原工作单位							
原工作单位性质及经济类型		□1. 企业（□国有　□集体　□股份合作　□联营 □有限责任公司　□股份有限公司 □外商投资□港澳台投资 □私营　□其他） □2. 事业　　□3. 社团　　□4. 个体　　□5. 其他					

参加工作时间			失业时间	
失业原因	□合同期满 □辞退或辞职 □其他			
单位（个人）缴纳失业保险时间				
有无求职要求	□1. 有求职要求 □2. 无求职要求	是否进行求职登记	□1. 已登记 □2. 未登记	
家庭状况	姓名	关系	工作或学习单位	备注

　　注：以上由申领失业保险金的人员填写，请在有选项的栏目□上打"√"。

审核意见：
盖章（签字） 　　　　　　　　　　　　　年　　月　　日
失业保险金享受期限　　　　月，失业保险金享受数额　　　　元/月。 　　　　　　　　　　　　　　　　盖章（签字） 　　　　　　　　　　　　　年　　月　　日
备注	

人力资源社会保障部、财政部关于阶段性降低失业保险费率有关问题的通知

人社部发〔2016〕36 号

各省、自治区、直辖市及新疆生产建设兵团人力资源社会保障厅（局）、财政（财务）厅（局）：

为进一步减轻企业负担，增强企业活力，促进就业稳定，经国务院同意，现就阶段性降低失业保险费率有关问题通知如下：

一、从 2017 年 1 月 1 日起，失业保险总费率为 1.5% 的省（区、市），可以将总费率降至 1%，降低费率的期限执行至 2018 年 4 月 30 日。在省（区、市）行政区域内，单位及个人的费率应当统一，个人费率不得超过单位费率。具体方案由各省（区、市）研究确定。

二、失业保险总费率已降至 1% 的省份仍按照《人力资源社会保障部 财政部关于阶段性降低社会保险费率的通知》（人社部发〔2016〕36 号）执行。

三、各地降低失业保险费率，要充分考虑失业保险待遇按时足额发放、提高待遇标准、促进失业人员再就业、落实失业保险稳岗补贴政策等因素对基金支付能力的影响，结合实际，认真测算，研究制定具体方案，经省级人民政府批准后执行，并报人力资源社会保障部和财政部备案。

阶段性降低失业保险费率政策性强，社会关注度高。各地要把思想和行动统一到党中央、国务院决策部署上来，加强组织领导，

精心组织实施。要平衡好降费率与保发放之间的关系，加强基金运行的监测和评估，确保基金平稳运行。各地贯彻落实本通知情况以及执行中遇到的问题，请及时向人力资源社会保障部、财政部报告。

人力资源社会保障部

中华人民共和国财政部

2017 年 2 月 16 日

"十三五"国家老龄事业发展
和养老体系建设规划

国务院关于印发"十三五"国家老龄事业发展和
养老体系建设规划的通知

国发〔2017〕13 号

各省、自治区、直辖市人民政府,国务院各部委、各直属
机构:

现将《"十三五"国家老龄事业发展和养老体系建设
规划》印发给你们,请认真贯彻执行。

国务院

2017 年 2 月 28 日

"十三五"国家老龄事业发展和
养老体系建设规划

为积极开展应对人口老龄化行动,推动老龄事业全面协调可持
续发展,健全养老体系,根据《中华人民共和国老年人权益保障
法》和《中华人民共和国国民经济和社会发展第十三个五年规划纲
要》,制定本规划。

第一章　规划背景

第一节　"十二五"时期的成就

"十二五"时期我国老龄事业和养老体系建设取得长足发展。

《中国老龄事业发展"十二五"规划》、《社会养老服务体系建设规划（2011—2015年）》确定的目标任务基本完成。老年人权益保障和养老服务业发展等方面的法规政策不断完善；基本养老、基本医疗保障覆盖面不断扩大，保障水平逐年提高；以居家为基础、社区为依托、机构为补充、医养相结合的养老服务体系初步形成，养老床位数量达到 672.7 万张；老年宜居环境建设持续推进，老年人社会参与条件继续优化；老年文化、体育、教育事业快速发展，老年人精神文化生活日益丰富；老年人优待项目更加丰富、范围大幅拓宽，敬老养老助老社会氛围日益浓厚，老年人的获得感和幸福感明显增强。

"十二五"期间老龄事业发展和养老体系建设主要指标完成情况

主要指标	完成情况	预期目标	完成率（%）
城镇职工基本养老保险参保人数（亿人）	3.54	3.57	99
城乡居民基本养老保险参保人数（亿人）	5.05	4.5	112
企业退休人员社会化管理比例（%）	81.1	80	101
离退休人员养老金待遇年均增长率（%）	10.7	7	152
农村五保供养平均标准年均增长率（%）	15.3	7	219
城乡居民基本医疗保险参保人数（亿人）	13.3	13.2	101

续表

主要指标	完成情况	预期目标	完成率（%）
每千名老年人拥有养老床位数（张）	30.3	30	101
基层老年法律援助覆盖面（%）	98	75	131
老年协会城乡社区创建率（%）	81.9	87.5	94
老年教育参与率（%）	3.5	5	70
老年志愿者占比（%）	10	10	100

第二节 "十三五"时期的形势

"十三五"时期是我国全面建成小康社会决胜阶段，也是我国老龄事业改革发展和养老体系建设的重要战略窗口期。

严峻形势。预计到 2020 年，全国 60 岁以上老年人口将增加到 2.55 亿人左右，占总人口比重提升到 17.8%左右；高龄老年人将增加到 2900 万人左右，独居和空巢老年人将增加到 1.18 亿人左右，老年抚养比将提高到 28%左右；用于老年人的社会保障支出将持续增长；农村实际居住人口老龄化程度可能进一步加深。

明显短板。涉老法规政策系统性、协调性、针对性、可操作性有待增强；城乡、区域老龄事业发展和养老体系建设不均衡问题突出；养老服务有效供给不足，质量效益不高，人才队伍短缺；老年用品市场供需矛盾比较突出；老龄工作体制机制不健全，社会参与不充分，基层基础比较薄弱。

有利条件。党中央、国务院高度重视老龄事业发展和养老体系建设，"十三五"规划纲要对积极应对人口老龄化提出明确要求。经济社会平稳健康发展，供给侧结构性改革加快推进，公共服务和民生保障能力不断增强，科技创新成果加快推广应用，劳动年龄人口仍较为充足，社会参与老龄事业发展积极性不断提高。

制定实施"十三五"国家老龄事业发展和养老体系建设规划是贯彻落实党中央、国务院关于积极应对人口老龄化决策部署的重要措施，对于保障和改善民生，增强老年人参与感、获得感和幸福感，实现全面建成小康社会奋斗目标具有重要战略意义。

第二章　指导思想、基本原则和发展目标

第一节　指导思想

高举中国特色社会主义伟大旗帜，全面贯彻党的十八大和十八届三中、四中、五中、六中全会精神，深入贯彻习近平总书记系列重要讲话精神和治国理政新理念新思想新战略，认真落实党中央、国务院决策部署，统筹推进"五位一体"总体布局和协调推进"四个全面"战略布局，牢固树立和贯彻落实创新、协调、绿色、开放、共享的发展理念，坚持党委领导、政府主导、社会参与、全民行动，着力加强全社会积极应对人口老龄化的各方面工作，着力完善老龄政策制度，着力加强老年人民生保障和服务供给，着力发挥老年人积极作用，着力改善老龄事业发展和养老体系建设支撑条件，确保全体老年人共享全面建成小康社会新成果。

第二节　基本原则

以人为本，共建共享。坚持保障和改善老年人民生，逐步增进老年人福祉，大力弘扬孝亲敬老、养老助老优秀传统文化，为老年

人参与社会发展、社会力量参与老龄事业发展和养老体系建设提供更多更好支持，实现不分年龄、人人共建共享。

补齐短板，提质增效。坚持问题导向，注重质量效益，着力保基本、兜底线、补短板、调结构，不断健全完善社会保障制度体系，促进资源合理优化配置，强化薄弱环节，加大投入力度，有效保障面向老年人的基本公共服务供给。

改革创新，激发活力。坚持政府引导、市场驱动，深化简政放权、放管结合、优化服务改革，不断增强政府依法履职能力，加快形成统一开放、竞争有序的市场体系，保障公平竞争，改善营商环境，支持创业创新，激发市场活力。

统筹兼顾，协调发展。坚持把应对人口老龄化与促进经济社会发展相结合，促进老龄事业发展和养老体系建设城乡协调、区域协调、事业产业协调，统筹做好老年人经济保障、服务保障和精神关爱等制度安排，实现协调可持续发展。

第三节　发展目标

到 2020 年，老龄事业发展整体水平明显提升，养老体系更加健全完善，及时应对、科学应对、综合应对人口老龄化的社会基础更加牢固。

多支柱、全覆盖、更加公平、更可持续的社会保障体系更加完善。城镇职工和城乡居民基本养老保险参保率达到 90%，基本医疗保险参保率稳定在 95% 以上，社会保险、社会福利、社会救助等社会保障制度和公益慈善事业有效衔接，老年人的基本生活、基本医疗、基本照护等需求得到切实保障。

居家为基础、社区为依托、机构为补充、医养相结合的养老服务体系更加健全。养老服务供给能力大幅提高、质量明显改善、结构更加合理，多层次、多样化的养老服务更加方便可及，政府运营的养老床位数占当地养老床位总数的比例不超过50%，护理型床位占当地养老床位总数的比例不低于30%，65岁以上老年人健康管理率达到70%。

有利于政府和市场作用充分发挥的制度体系更加完备。老龄事业发展和养老体系建设的法治化、信息化、标准化、规范化程度明显提高。政府职能转变、"放管服"改革、行政效能提升成效显著。市场活力和社会创造力得到充分激发，养老服务和产品供给主体更加多元、内容更加丰富、质量更加优良，以信用为核心的新型市场监管机制建立完善。

支持老龄事业发展和养老体系建设的社会环境更加友好。全社会积极应对人口老龄化、自觉支持老龄事业发展和养老体系建设的意识意愿显著增强，敬老养老助老社会风尚更加浓厚，安全绿色便利舒适的老年宜居环境建设扎实推进，老年文化体育教育事业更加繁荣发展，老年人合法权益得到有效保护，老年人参与社会发展的条件持续改善。

"十三五"期间国家老龄事业发展和养老体系建设主要指标

类别	指标	目标值
社会保障	基本养老保险参保率	达到90%
	基本医疗保险参保率	稳定在95%以上
养老服务	政府运营的养老床位占比	不超过50%
	护理型养老床位占比	不低于30%
健康支持	老年人健康素养	提升至10%
	二级以上综合医院设老年病科比例	35%以上
	65岁以上老年人健康管理率	达到70%

续表

类别	指标	目标值
精神文化生活	建有老年学校的乡镇（街道）比例	达到50%
	经常性参与教育活动的老年人口比例	20%以上
社会参与	老年志愿者注册人数占老年人口比例	达到12%
	城乡社区基层老年协会覆盖率	90%以上
投入保障	福彩公益金用于养老服务业的比例	50%以上

第三章　健全完善社会保障体系

第一节　社会保险制度

完善养老保险制度。制定实施完善和改革基本养老保险制度总体方案。完善社会统筹与个人账户相结合的基本养老保险制度，构建包括职业年金、企业年金，以及个人储蓄性养老保险和商业保险的多层次养老保险体系。推进个人税收递延型商业养老保险试点。建立基本养老金合理调整机制，适当提高退休人员基本养老金标准。加快健全社会保障管理体制和经办服务体系。建立更加便捷的养老保险转移接续机制。

健全医疗保险制度。健全稳定可持续筹资和报销比例调整机制，完善缴费参保政策。加快推进基本医疗保险全国联网和异地就医结算，实现跨省异地安置退休人员住院费用直接结算。鼓励有条件的地方研究将基本治疗性康复辅助器具按规定逐步纳入基本医疗保险支付范围。巩固完善城乡居民大病保险。鼓励发展补充医疗保险和商业健康保险、老年人意外伤害保险。

探索建立长期护理保险制度。开展长期护理保险试点的地区要统筹施策，做好长期护理保险与重度残疾人护理补贴、经济困难失能老年人护理补贴等福利性护理补贴项目的整合衔接，提高资源配置效率效益。鼓励商业保险公司开发适销对路的长期护理保险产品和服务，满足老年人多样化、多层次长期护理保障需求。

第二节 社会福利制度

制定实施老年人照顾服务项目，鼓励地方丰富照顾服务项目、创新和优化照顾服务提供方式。着力保障特殊困难老年人的养老服务需求，确保人人能够享有基本养老服务。在全国范围内基本建成针对经济困难的高龄、失能老年人的补贴制度。对经济困难的老年人，地方各级人民政府逐步给予养老服务补贴。完善农村计划生育家庭奖励扶助和特别扶助制度。

第三节 社会救助制度

确保所有符合条件的老年人按规定纳入最低生活保障、特困人员救助供养等社会救助制度保障范围。完善医疗救助制度，全面开展重特大疾病医疗救助，逐步将低收入家庭老年人纳入救助范围。完善临时救助制度，加强对老年人的"救急难"工作，按规定对流浪乞讨、遭受遗弃等生活无着老年人给予救助。落实农村最低生活保障制度与扶贫开发政策有效衔接有关政策要求，确保现行扶贫标准下农村贫困老年人实现脱贫。

第四节 公益慈善事业

鼓励面向老年人开展募捐捐赠、志愿服务、慈善信托、安全知识教育、急救技能培训、突发事故防范等形式多样的公益慈善活动。依法加强对公益慈善组织和公益慈善活动的扶持和监管，依法及时查处以公益慈善为名实施的侵害老年人合法权益等违反法律法规、违背公序良俗的行为。加强民政部门与公益慈善组织、社会服务机构之间的信息对接和工作衔接，实现政府救助与社会帮扶有机结合。

第四章　健全养老服务体系

第一节　夯实居家社区养老服务基础

大力发展居家社区养老服务。逐步建立支持家庭养老的政策体系，支持成年子女与老年父母共同生活，履行赡养义务和承担照料责任。支持城乡社区定期上门巡访独居、空巢老年人家庭，帮助老年人解决实际困难。支持城乡社区发挥供需对接、服务引导等作用，加强居家养老服务信息汇集，引导社区日间照料中心等养老服务机构依托社区综合服务设施和社区公共服务综合信息平台，创新服务模式，提升质量效率，为老年人提供精准化个性化专业化服务。鼓励老年人参加社区邻里互助养老。鼓励有条件的地方推动扶持残疾、失能、高龄等老年人家庭开展适应老年人生活特点和安全需要的家庭住宅装修、家具设施、辅助设备等建设、配备、改造工作，对其中的经济困难老年人家庭给予适当补助。大力推行政府购买服务，推动专业化居家社区养老机构发展。

加强社区养老服务设施建设。统筹规划发展城乡社区养老服务设施，新建城区和新建居住（小）区按要求配套建设养老服务设施，老城区和已建成居住（小）区无养老服务设施或现有设施未达到规划要求的，通过购置、置换、租赁等方式建设。加强社区养老服务设施与社区综合服务设施的整合利用。支持在社区养老服务设施配备康复护理设施设备和器材。鼓励有条件的地方通过委托管理等方式，将社区养老服务设施无偿或低偿交由专业化的居家社区养老服务项目团队运营。

居家社区养老服务工程

依托城乡社区公共服务综合信息平台，以失能、独居、空巢老年人为重点，整合建立居家社区养老服务信息平台、呼叫服务系统和应急救援服务机制，方便养老服务机构和组织向居家老年人提供助餐、助洁、助行、助浴、助医、日间照料等服务。

实施"互联网+"养老工程。支持社区、养老服务机构、社会组织和企业利用物联网、移动互联网和云计算、大数据等信息技术，开发应用智能终端和居家社区养老服务智慧平台、信息系统、APP应用、微信公众号等，重点拓展远程提醒和控制、自动报警和处置、动态监测和记录等功能，规范数据接口，建设虚拟养老院。

第二节　推动养老机构提质增效

加快公办养老机构改革。加快推进具备向社会提供养老服务条件的公办养老机构转制为企业或开展公建民营。实行老年人入住评估制度，优先保障特困供养人员集中供养需求和其他经济困难的孤寡、失能、高龄等老年人的服务需求。完善公建民营养老机构管理办法，鼓励社会力量通过独资、合资、合作、联营、参股、租赁等方式参与公办养老机构改革。政府投资建设和购置的养老设施、新建居住（小）区按规定配建并移交给民政部门的养老设施、党政机关和国有企事业单位培训疗养机构等改建的养老设施，均可实施公建民营。

支持社会力量兴办养老机构。贯彻全面放开养老服务市场、提升养老服务质量的有关政策要求，加快推进养老服务业"放管服"改革。对民间资本和社会力量申请兴办养老机构进一步放宽准入条件，加强开办支持和服务指导。落实好对民办养老机构的投融资、税费、土地、人才等扶持政策。鼓励采取特许经营、政府购买服务、政府和社会资本合作等方式支持社会力量举办养老机构。允许养老机构依法依规设立多个服务网点，实现规模化、连锁化、品牌化运营。鼓励整合改造企业厂房、商业设施、存量商品房等用于养老服务。

全面提升养老机构服务质量。加快建立全国统一的服务质量标准和评价体系，完善安全、服务、管理、设施等标准，加强养老机构服务质量监管。建立健全养老机构分类管理和养老服务评估制度，引入第三方评估，实行评估结果报告和社会公示。加强养老服务行业自律和信用体系建设。支持发展养老机构责任保险，提高养老机构抵御风险能力。

第三节　加强农村养老服务

推动农村特困人员供养服务机构服务设施和服务质量达标，在保障农村特困人员集中供养需求的前提下，积极为低收入、高龄、独居、残疾、失能农村老年人提供养老服务。通过邻里互助、亲友相助、志愿服务等模式和举办农村幸福院、养老大院等方式，大力发展农村互助养老服务。发挥农村基层党组织、村委会、老年协会等作用，积极培育为老服务社会组织，依托农村社区综合服务中心（站）、综合性文化服务中心、村卫生室、农家书屋、全民健身等设施，为留守、孤寡、独居、贫困、残疾等老年人提供丰富多彩的关爱服务。

第五章　健全健康支持体系

第一节　推进医养结合

完善医养结合机制。统筹落实好医养结合优惠扶持政策，深入开展医养结合试点，建立健全医疗卫生机构与养老机构合作机制，建立养老机构内设医疗机构与合作医院间双向转诊绿色通道，为老年人提供治疗期住院、康复期护理、稳定期生活照料以及临终关怀一体化服务。大力开发中医药与养老服务相结合的系列服务产品，鼓励社会力量举办以中医药健康养老为主的护理院、疗养院，建设一批中医药特色医养结合示范基地。

支持养老机构开展医疗服务。支持养老机构按规定开办康复医院、护理院、临终关怀机构和医务室、护理站等。鼓励执业医师到养老机构设置的医疗机构多点执业，支持有相关专业特长的医师及专业人员在养老机构开展疾病预防、营养、中医养生等非诊疗性健康服务。对养老机构设置的医疗机构，符合条件的按规定纳入基本医疗保险定点范围。

第二节　加强老年人健康促进和疾病预防

开展老年人健康教育，促进健康老龄化理念和医疗保健知识宣传普及进社区、进家庭，增强老年人的自我保健意识和能力。加强对老年人健康生活方式和健身活动指导，提升老年人健康素养水平至 10%。基层医疗卫生机构为辖区内 65 周岁以上老年人普遍建立健康档案，开展健康管理服务。加强对老年人心脑血管疾病、糖尿病、恶性肿瘤、呼吸系统疾病、口腔疾病等常见病、慢性病的健康指导、综合干预。指导老年人合理用药，减少不合理用药危害。研究推广老年病防治适宜技术，及时发现健康风险因素，促进老年病早发现、早诊断、早治疗。面向老年人开展中医药健康管理服务项目。加强老年严重精神障碍患者的社区管理和康复服务。

第三节　发展老年医疗与康复护理服务

加强老年康复医院、护理院、临终关怀机构和综合医院老年病科建设。有条件的地区可将部分公立医院转为康复、护理等机构。提高基层医疗卫生机构康复护理床位占比，积极开展家庭医生签约服务，为老年人提供连续的健康管理和医疗服务。到2020年，35%以上的二级以上综合医院设立老年病科。落实老年人医疗服务优待政策，为老年人特别是高龄、重病、残疾、失能老年人就医提供便利服务。鼓励各级医疗卫生机构和医务工作志愿者为老年人开展义诊。加强康复医师、康复治疗师、康复辅助器具配置人才培养，广泛开展偏瘫肢体综合训练、认知知觉功能康复训练等老年康复护理服务。

第四节　加强老年体育健身

结合贯彻落实全民健身计划，依托公园、广场、绿地等公共设施及旧厂房、仓库、老旧商业设施等城市空置场所，建设适合老年人体育健身的场地设施，广泛开展老年人康复健身体育活动。支持乡镇（街道）综合文化站建设体育健身场地，配备适合老年人的设施和器材。支持公共和民办体育设施向老年人免费或优惠开放。加强老年人体育健身方法和项目研究，分层分类引导老年运动项目发展。继续举办全国老年人体育健身大会。鼓励发展老年人体育组织，到2020年，90%的街道和乡镇建立老年人基层体育组织，城乡社区普遍建立老年人健身活动站点和体育团队。

第六章　繁荣老年消费市场

第一节　丰富养老服务业态

大力发展养老服务企业，鼓励连锁化经营、集团化发展，实施品牌战略，培育一批各具特色、管理规范、服务标准的龙头企业，加快形成产业链长、覆盖领域广、经济社会效益显著的养老服务产业集群。支持养老服务产业与健康、养生、旅游、文化、健身、休闲等产业融合发展，丰富养老服务产业新模式、新业态。鼓励金融、地产、互联网等企业进入养老服务产业。利用信息技术提升健康养老服务质量和效率。

第二节 繁荣老年用品市场

增加老年用品供给。引导支持相关行业、企业围绕健康促进、健康监测可穿戴设备、慢性病治疗、康复护理、辅助器具和智能看护、应急救援、通信服务、电子商务、旅游休闲等重点领域，推进老年人适用产品、技术的研发和应用。支持老年用品制造业创新发展，采用新工艺、新材料、新技术，促进产品升级换代。丰富适合老年人的食品、药品、服装等供给；加强老年用品测试和质量监管，鼓励开辟老年用品展示、体验场所，发展老年用品租赁市场，支持办好老龄产业博览会。

提升老年用品科技含量。加强对老年用品产业共性技术的研发和创新。支持推动老年用品产业领域大众创业、万众创新。支持符合条件的老年用品企业牵头承担各类科技计划（专项、基金等）科研项目。支持技术密集型企业、科研院所、高校及老龄科研机构加强适老科技研发和成果转化应用。落实相关税收优惠政策，支持老年用品产业领域科技创新与应用项目。

第七章 推进老年宜居环境建设

第一节 推动设施无障碍建设和改造

严格执行无障碍环境建设相关法律法规，完善涉老工程建设标准规范体系，在规划、设计、施工、监理、验收、运行、维护、管理等环节加强相关标准的实施与监督。加强与老年人自主安全地通行道路、出入相关建筑物、搭乘公共交通工具、交流信息、获得社区服务密切相关的公共设施的无障碍设计与改造。加强居住区公共设施无障碍改造，重点对坡道、楼梯、电梯、扶手等公共建筑节点进行改造。探索鼓励市场主体参与无障碍设施建设和改造的政策措施。

第二节　营造安全绿色便利生活环境

在推进老旧居住（小）区改造、棚户区改造、农村危房改造等工程中优先满足符合住房救助条件的老年人的基本住房安全需求。加强对养老服务设施的安全隐患排查和监管。加强养老服务设施节能宜居改造，将各类养老机构和城乡社区养老服务设施纳入绿色建筑行动重点扶持范围。推动老年人共建共享绿色社区、传统村落、美丽宜居村庄和生态文明建设成果。支持多层老旧住宅加装电梯。引导、支持开发老年宜居住宅和代际亲情住宅。继续推进街道、社区"老年人生活圈"配套设施建设，为老年人提供一站式便捷服务。

老年宜居环境建设示范行动

完善老年宜居环境建设评价标准体系，开展"老年友好型城市"和"老年宜居社区"建设示范行动，继续开展全国无障碍建设城市创建工作。到 2020 年，60%以上城市社区达到老年宜居社区基本条件，40%以上农村具备老年宜居社区基本条件，大部分老年人的基本公共服务需求能够在社区得到满足。

第三节　弘扬敬老养老助老的社会风尚

把敬老养老助老纳入社会公德、职业道德、家庭美德、个人品德建设，纳入文明城市、文明村镇、文明单位、文明校园、文明家庭考评。利用春节、清明节、中秋节、重阳节等传统节日，开展创意新、影响大、形式多的宣传教育活动，推动敬老养老助老教育进学校、进家庭、进机关、进社区。继续开展"敬老月"和全国敬老爱老助老评选表彰活动。推进非本地户籍常住老年人与本地户籍老年人同等享受优待。到2020年，老年人优待制度普遍建立完善。

第八章　丰富老年人精神文化生活

第一节　发展老年教育

落实老年教育发展规划，扩大老年教育资源供给，拓展老年教育发展路径，加强老年教育支持服务，创新老年教育发展机制，促进老年教育可持续发展，优先发展城乡社区老年教育，促进各级各类学校开展老年教育，部门、行业企业、高校举办的老年大学要进一步提高面向社会办学开放度，支持鼓励各类社会力量举办或参与老年教育。实施社会主义核心价值观培育、老年教育机构基础能力提升、学习资源建设整合、远程老年教育推进等计划。到2020年，基本形成覆盖广泛、灵活多样、特色鲜明、规范有序的老年教育新格局。全国县级以上城市至少应有一所老年大学。

老年教育机构基础能力提升计划

改善现有老年大学（学校）办学条件。建设一批在本区域发挥示范作用的乡镇（街道）老年人学习场所。改善基层社区老年教育机构设施设备，建设好村、社区老年学习点。探索"养、医、体、文"等场所与老年人学习场所的结合。开展养教结合试点。编辑出版有时代特色、科学内涵、文化品位，适应社会需要的老年教育系列教材。

第二节　繁荣老年文化

完善覆盖城乡的公共文化设施网络，在基层公共文化设施内开辟适宜老年人的文化娱乐活动场所，增加适合老年人的特色文化服务项目。推动公共文化服务设施向老年人免费或优惠开放，为老年人开展文化活动提供便利。文化信息资源共享、农村电影放映、农家书屋等重大文化惠民工程增加面向老年人的服务内容和资源。广泛开展群众性老年文化活动，培育老年文化活动品牌。鼓励创作发行老年人喜闻乐见的图书、报刊以及影视剧、戏剧、广播剧等文艺作品。鼓励制作适合微博、微信、手机客户端等新媒体传播的优秀老年文化作品。加强数字图书馆建设，拓展面向老年人的数字资源服务。加强专业人才和业余爱好者相结合的老年文化队伍建设。

第三节　加强老年人精神关爱

健全老年人精神关爱、心理疏导、危机干预服务网络，督促家庭成员加强对老年人的情感关怀和心理沟通；依托专业精神卫生机构和社会工作服务机构、专业心理工作者和社会工作者开展老年心理健康服务试点，为老年人提供心理关怀和精神关爱；支持企事业单位、社会组织、志愿者等社会力量开展形式多样的老年人关爱活动。鼓励城乡社区为老年人精神关爱提供活动场地、工作条件等支持。

第九章　扩大老年人社会参与

第一节　培育积极老龄观

引导老年人树立终身发展理念，始终保持自尊自爱自信自强的精神状态，积极面对老年生活，参与社会发展，发挥正能量，作出新贡献。引导全社会正确认识、积极接纳、大力支持老年人参与社会发展。

第二节　加强老年人力资源开发

将老年人才开发利用纳入各级人才队伍建设总体规划，鼓励各地制定老年人才开发利用专项规划。鼓励专业技术领域人才延长工作年限。鼓励各有关方面建立老年人才信息库，实现互联互通、资源共享。支持老年人才自主创业，帮助有意愿且身体状况允许的贫困老年人和其他老年人接受岗位技能培训或农业实用技术培训，通过劳动脱贫或致富。推动用人单位与受聘老年人依法签订书面协议。依法保障老年人在生产劳动过程中的合法收入、安全和健康权益。对老有所为贡献突出的老年人和在老有所为工作中贡献突出的单位、个人，可按规定给予表彰或奖励。

第三节　发展老年志愿服务

支持老年人积极参与基层民主监督、社会治安、公益慈善、移风易俗、民事调解、文教卫生、全民健身等工作。发挥老年人优良品行传帮带作用，支持老党员、老专家、老军人、老劳模、老干部开展关心教育下一代活动。深入开展"银龄行动"，组织医疗卫生、文化教育、农业科技等老专家、老知识分子参与东部援助西部、发达地区援助落后地区等志愿服务。推行志愿服务记录制度，鼓励老年人参加志愿服务，到2020年老年志愿者注册人数达到老年人口总数的12%。

第四节　引导基层老年社会组织规范发展

坚持扶持发展和规范管理并重，加强老年社会组织的培育扶持和登记管理。采取政府购买服务等措施加大对公益性、互助性、服务性、专业性基层老年社会组织的支持力度。继续推动老年社会组织加强能力建设和规范化建设，提高专业素质、服务能力和社会公信力，促进老年人通过社会组织实现自我管理、自我教育、自我服务。支持老年社会组织参加或承办政府有关人才培养、项目开发、课题研究、咨询服务等活动。

基层老年协会规范化建设工程

多渠道筹措资金支持基层老年协会建设，改善基层老年协会活动设施和条件，加强基层老年协会骨干培训和活动辅导，鼓励专业人士在基层老年协会能力建设中发挥骨干作用。积极推进基层老年协会党建工作，探索发挥基层老年协会在促进当地发展、调解涉老纠纷、开展互助服务、活跃老年人精神文化生活等方面积极作用的有效方式和途径。城乡社区基层老年协会覆盖率达到90%以上。

第十章　保障老年人合法权益

第一节　完善老龄事业法规政策体系

完善老年人权益保障配套法规，积极听取老年人的意见建议，研究建立老年人监护制度，加快老年人社会服务、社会优待、社会参与等制度建设。健全优待老年人的财政投入、服务评价、检查监督、奖励表彰等政策。

第二节　健全老年人权益保障机制

健全贯彻老年人权益保障法律法规的联合执法、执法检查、综合评估等制度。充分发挥基层党组织、基层群众性自治组织、老年社会组织作用，完善维护老年人合法权益社会监督、矛盾纠纷排查调解、多部门快速反应联合查处综合治理等机制。做好老年人来信来访工作。建立老年人法律维权热线，加强老年人法律服务和法律援助，针对老年群体特点开展适应老年人特殊需求的专项法律服务活动。扩大老年人法律援助范围，拓展基层服务网络，推进法律援助工作站点向城市社区和农村延伸，方便老年人及时就近寻求法律帮助。重点做好农村和贫困、高龄、空巢、失能等特殊困难老年群体的法律服务、法律援助和司法救助。

第三节　加大普法宣传教育力度

落实国家"七五"普法规划要求，加强老年人权益保障法律法规普法宣传教育，深入结合"法律六进"活动，推动普法宣传教育规范化、常态化，强化全社会维护老年人合法权益的法治观念。开展更多适合老年人的法治宣传活动，帮助老年人学法、懂法、用法，提高守法意识和依法维权意识。

第十一章　强化工作基础和规划实施保障

第一节　强化工作基础保障

推进信息化建设。落实促进大数据发展行动纲要，在切实保障数据安全的前提下，着力推动各有关部门涉及老年人的人口、保障、服务、信用、财产等基础信息分类分级互联共享，消除信息孤岛。在此基础上推动搭建全国互联、上下贯通的老龄工作信息化平台，加强涉老数据、信息的汇集整合和发掘运用，建立基于大数据的可信统计分析决策机制。支持各地积极推进为老服务综合信息平台在城市社区全覆盖、在农村地区扩大覆盖，推进信息惠民服务向老年人覆盖、数据资源向社会开放，更好地服务于保障改善老年人民生和大众创业、万众创新。

完善投入机制。各级政府要根据经济社会发展状况和老年人口增长情况，建立稳定的老龄事业经费投入保障机制。民政部本级彩票公益金和地方各级政府用于社会福利事业的彩票公益金，50%以上要用于支持发展养老服务业，并随老年人口的增加逐步提高投入比例。落实和完善鼓励政策，引导各类社会资本投入老龄事业，倡导社会各界对老龄事业进行慈善捐赠，形成财政资金、社会资本、慈善基金等多元结合的投入机制。

壮大人才队伍。推进涉老相关专业教育体系建设，加快培养老年医学、康复、护理、营养、心理和社会工作、经营管理、康复辅具配置等人才。建立以品德、能力和业绩为导向的职称评价和技能等级评价制度，拓宽养老服务专业人员职业发展空间。推动各地保障和逐步提高养老服务从业人员薪酬待遇。

人才培养工程

在养老服务、医养结合、科技助老等重点领域，每年培养造就一批高层次人才，符合条件的享受人才引进政策，示范带动养老服务业发展。在全国各类养老服务机构中，培养选拔优秀护理员，提供居住落户、住房保障、子女就学等方面的政策扶持。

实施养老护理人员培养培训计划，"十三五"时期力争使全国养老机构护理人员都得到至少一次专业培训。

对各级老龄工作机构的人员定期开展老龄政策和相关知识培训。

加强基层工作。进一步完善老龄工作机制，保证城乡社区老龄工作有人抓、老年人事情有人管、老年人困难有人帮。建立基层老龄工作先进典型激励机制。继续推进离退休人员管理服务社会化，建立健全老年人原工作单位、居住社区、老年社会组织和基层党组织齐抓共管的工作机制。总结创建离退休干部基层服务型党组织的好经验好做法，积极探索老年社会组织党建工作的新途径新办法。探索建立工会、共青团、妇联、残联等群团组织参与老年人管理服务的常态化机制和制度化渠道。

加强科学研究和调查统计。按照深化中央财政科技计划（专项、基金等）管理改革的总体部署，通过优化整合后的国家科技计划（专项、基金等）、社会科学基金等支持老龄事业领域的科技创新、基础理论研究和政策应用研究。完善老龄科学学科体系，加快老龄科学人才培养。在高校、研究机构、企业和地方，设立一批老龄科学理论研究基地、老龄产业实践研究基地、老龄政策创制试点基地。组建高层次老龄问题智库，健全重大决策专家咨询制度。加强国家人口老龄化中长期应对策略研究。完善老龄事业统计指标体系，建立老龄事业统计公报定期发布制度。推动城乡老年人生活状况抽样调查制度化、常态化、规范化。

加强宣传和国际合作。坚持正确舆论导向，充分发挥各类媒体作用，加大对人口老龄化国情、老龄政策法规、老龄事业发展重大主题以及老龄工作典型人物、事迹、经验等的宣传报道力度，提升舆情研判引导能力，营造全社会关注老龄问题、关心老龄事业、支持老龄工作的良好氛围。加强对外宣传，适时向国际社会推介老龄事业发展中国模式，进一步提升我国在国际老龄领域影响力。积极参与全球及地区老龄问题治理，加强与联合国有关机构、国际涉老组织和有关国家的交流与合作。研究筹办应对人口老龄化相关国际会议。推动中国老龄事业发展与落实 2030 年可持续发展议程相关目标有机对接。

第二节　强化规划实施保障

加强组织领导。坚持党对老龄工作的统一领导，发挥各级党委总揽全局、协调各方的领导核心作用，为规划实施提供坚强保证；强化各级政府落实规划的主体责任，将本规划主要任务指标纳入当地经济社会发展规划，纳入为民办实事项目，纳入政府工作议事日程和目标责任考核内容。健全老龄工作体制机制，形成推进规划实施的合力。加强专家支持系统建设，建立由多学科、多领域专家参与的专家顾问制度，为规划实施提供技术咨询、评估和指导。

加强督促检查。全国老龄办、民政部、国家发展改革委会同有关部门，加强对各地的指导、督促，及时检查并向国务院报告工作进展情况。搭建社会监督平台，健全第三方评估机制，适时对规划执行情况进行评估，向社会公布评估结果。县级以上地方政府要结合实际制定本规划实施方案，细化相关指标，确保责任到位、工作到位、投入到位、见到实效。鼓励各地积极探索，勇于创新，创造性地实施规划。

城镇企业职工基本养老保险关系
转移接续暂行办法

国务院办公厅关于转发人力资源社会保障部、
财政部《城镇企业职工基本养老保险关系
转移接续暂行办法》的通知
国办发〔2009〕66号

各省、自治区、直辖市人民政府，国务院各部委、各直属
机构：

人力资源社会保障部、财政部《城镇企业职工基本养
老保险关系转移接续暂行办法》已经国务院同意，现转发
给你们，请结合实际，认真贯彻执行。

国务院办公厅
二〇〇九年十二月二十八日

第一条　为切实保障参加城镇企业职工基本养老保险人员（以
下简称参保人员）的合法权益，促进人力资源合理配置和有序流
动，保证参保人员跨省、自治区、直辖市（以下简称跨省）流动并
在城镇就业时基本养老保险关系的顺畅转移接续，制定本办法。

第二条　本办法适用于参加城镇企业职工基本养老保险的所有
人员，包括农民工。已经按国家规定领取基本养老保险待遇的人
员，不再转移基本养老保险关系。

第三条　参保人员跨省流动就业的，由原参保所在地社会保险
经办机构（以下简称社保经办机构）开具参保缴费凭证，其基本养

老保险关系应随同转移到新参保地。参保人员达到基本养老保险待遇领取条件的，其在各地的参保缴费年限合并计算，个人账户储存额（含本息，下同）累计计算；未达到待遇领取年龄前，不得终止基本养老保险关系并办理退保手续；其中出国定居和到香港、澳门、台湾地区定居的，按国家有关规定执行。

第四条 参保人员跨省流动就业转移基本养老保险关系时，按下列方法计算转移资金：

（一）个人账户储存额：1998 年 1 月 1 日之前按个人缴费累计本息计算转移，1998 年 1 月 1 日后按计入个人账户的全部储存额计算转移。

（二）统筹基金（单位缴费）：以本人 1998 年 1 月 1 日后各年度实际缴费工资为基数，按 12% 的总和转移，参保缴费不足 1 年的，按实际缴费月数计算转移。

第五条 参保人员跨省流动就业，其基本养老保险关系转移接续按下列规定办理：

（一）参保人员返回户籍所在地（指省、自治区、直辖市，下同）就业参保的，户籍所在地的相关社保经办机构应为其及时办理转移接续手续。

（二）参保人员未返回户籍所在地就业参保的，由新参保地的社保经办机构为其及时办理转移接续手续。但对男性年满 50 周岁和女性年满 40 周岁的，应在原参保地继续保留基本养老保险关系，同时在新参保地建立临时基本养老保险缴费账户，记录单位和个人全部缴费。参保人员再次跨省流动就业或在新参保地达到待遇领取条件时，将临时基本养老保险缴费账户中的全部缴费本息，转移归集到原参保地或待遇领取地。

（三）参保人员经县级以上党委组织部门、人力资源社会保障行政部门批准调动，且与调入单位建立劳动关系并缴纳基本养老保险费的，不受以上年龄规定限制，应在调入地及时办理基本养老保险关系转移接续手续。

第六条 跨省流动就业的参保人员达到待遇领取条件时，按下列规定确定其待遇领取地：

（一）基本养老保险关系在户籍所在地的，由户籍所在地负责办理待遇领取手续，享受基本养老保险待遇。

（二）基本养老保险关系不在户籍所在地，而在其基本养老保险关系所在地累计缴费年限满 10 年的，在该地办理待遇领取手续，享受当地基本养老保险待遇。

（三）基本养老保险关系不在户籍所在地，且在其基本养老保险关系所在地累计缴费年限不满 10 年的，将其基本养老保险关系转回上一个缴费年限满 10 年的原参保地办理待遇领取手续，享受基本养老保险待遇。

（四）基本养老保险关系不在户籍所在地，且在每个参保地的累计缴费年限均不满 10 年的，将其基本养老保险关系及相应资金归集到户籍所在地，由户籍所在地按规定办理待遇领取手续，享受基本养老保险待遇。

第七条 参保人员转移接续基本养老保险关系后，符合待遇领取条件的，按照《国务院关于完善企业职工基本养老保险制度的决定》（国发〔2005〕38 号）的规定，以本人各年度缴费工资、缴费年限和待遇领取地对应的各年度在岗职工平均工资计算其基本养老金。

第八条 参保人员跨省流动就业的，按下列程序办理基本养老保险关系转移接续手续：

（一）参保人员在新就业地按规定建立基本养老保险关系和缴费后，由用人单位或参保人员向新参保地社保经办机构提出基本养老保险关系转移接续的书面申请。

（二）新参保地社保经办机构在 15 个工作日内，审核转移接续申请，对符合本办法规定条件的，向参保人员原基本养老保险关系所在地的社保经办机构发出同意接收函，并提供相关信息；对不符合转移接续条件的，向申请单位或参保人员作出书面说明。

（三）原基本养老保险关系所在地社保经办机构在接到同意接收函的 15 个工作日内，办理好转移接续的各项手续。

（四）新参保地社保经办机构在收到参保人员原基本养老保险关系所在地社保经办机构转移的基本养老保险关系和资金后，应在 15 个工作日内办结有关手续，并将确认情况及时通知用人单位或参保人员。

第九条 农民工中断就业或返乡没有继续缴费的，由原参保地社保经办机构保留其基本养老保险关系，保存其全部参保缴费记录及个人账户，个人账户储存额继续按规定计息。农民工返回城镇就业并继续参保缴费的，无论其回到原参保地就业还是到其他城镇就业，均按前述规定累计计算其缴费年限，合并计算其个人账户储存额，符合待遇领取条件的，与城镇职工同样享受基本养老保险待遇；农民工不再返回城镇就业的，其在城镇参保缴费记录及个人账户全部有效，并根据农民工的实际情况，或在其达到规定领取条件时享受城镇职工基本养老保险待遇，或转入新型农村社会养老保险。

农民工在城镇参加企业职工基本养老保险与在农村参加新型农村社会养老保险的衔接政策，另行研究制定。

第十条 建立全国县级以上社保经办机构联系方式信息库，并向社会公布，方便参保人员查询参保缴费情况，办理基本养老保险关系转移接续手续。加快建立全国统一的基本养老保险参保缴费信息查询服务系统，发行全国通用的社会保障卡，为参保人员查询参保缴费信息提供便捷有效的技术服务。

第十一条　各地已制定的跨省基本养老保险关系转移接续相关政策与本办法规定不符的，以本办法规定为准。在省、自治区、直辖市内的基本养老保险关系转移接续办法，由各省级人民政府参照本办法制定，并报人力资源社会保障部备案。

第十二条　本办法所称缴费年限，除另有特殊规定外，均包括视同缴费年限。

第十三条　本办法从 2010 年 1 月 1 日起施行。

人力资源社会保障部办公厅、总后勤部
财务部关于军人退役参加机关事业单位
养老保险有关问题的通知

人社厅函〔2015〕369号

各省、自治区、直辖市及新疆生产建设兵团人力资源社会保障厅（局），各军区联勤部、各军兵种后勤部财务部，军事科学院院务部财务供应部，国防大学、国防科学技术大学校务部财务部（处），总后所属直供单位，武警部队后勤部财务部：

为贯彻落实人力资源社会保障部、财政部、总参谋部、总政治部、总后勤部《关于军人退役基本养老保险关系转移接续有关问题的通知》（后财〔2015〕1726号）和《关于军人职业年金转移接续有关问题的通知》（后财〔2015〕1727号），做好安置到机关事业单位工作的退役军人基本养老保险和职业年金转移接续工作，现将有关问题通知如下：

一、2014年10月1日以后下达退役命令，2014年10月1日至2015年10月31日期间已经离队的退役军人，由原军队所在单位财务部门填制《军人退役基本养老保险参保缴费凭证》《军人退役基本养老保险关系转移接续信息表》和《军人职业年金缴费凭证》（以下简称"转移凭证"）一式三份，一份存档，两份邮寄给本人，并将按规定标准计算的军人退役基本养老保险补助和军人职业年金补助汇给本人。退役军人收到转移凭证和补助资金后，将其中一份转移凭证交给安置单位，待所在地机关事业单位养老保险经办启动后，由安置单位按规定申请办理军人退役基本养老保险和军人职业年金转移接续手续。

二、2014 年 10 月 1 日以后下达退役命令，2015 年 11 月 1 日至 2016 年 12 月 31 日期间离队的退役军人，由军队所在单位财务部门填制军人退役养老保险转移凭证一式三份，一份存档，两份交给本人，并将按规定标准计算的军人退役基本养老保险补助和军人职业年金补助发给本人。退役军人到安置单位报到后，将其中一份转移凭证交给安置单位，待所在地机关事业单位养老保险经办启动后，由安置单位按规定申请办理军人退役基本养老保险和军人职业年金转移接续手续。

三、2014 年 10 月 1 日以后下达退役命令，2017 年 1 月 1 日以后离队的退役军人，按照后财〔2015〕1726 号和后财〔2015〕1727 号通知要求，办理军人退役基本养老保险和军人职业年金转移接续手续。

人力资源社会保障部办公厅

总后勤部财务部

2015 年 11 月 3 日

工伤保险条例

中华人民共和国国务院令

第 586 号

《国务院关于修改〈工伤保险条例〉的决定》已经 2010 年 12 月 8 日国务院第 136 次常务会议通过，现予公布，自 2011 年 1 月 1 日起施行。

总理　温家宝

二〇一〇年十二月二十日

（2003 年 4 月 27 日中华人民共和国国务院令第 375 号公布；根据 2010 年 12 月 20 日《国务院关于修改〈工伤保险条例〉的决定》修订）

第一章　总　则

第一条　为了保障因工作遭受事故伤害或者患职业病的职工获得医疗救治和经济补偿，促进工伤预防和职业康复，分散用人单位的工伤风险,制定本条例。

第二条 中华人民共和国境内的企业、事业单位、社会团体、民办非企业单位、基金会、律师事务所、会计师事务所等组织和有雇工的个体工商户(以下称用人单位)应当依照本条例规定参加工伤保险,为本单位全部职工或者雇工(以下称职工)缴纳工伤保险费。

中华人民共和国境内的企业、事业单位、社会团体、民办非企业单位、基金会、律师事务所、会计师事务所等组织的职工和个体工商户的雇工,均有依照本条例的规定享受工伤保险待遇的权利。

第三条 工伤保险费的征缴按照《社会保险费征缴暂行条例》关于基本养老保险费、基本医疗保险费、失业保险费的征缴规定执行。

第四条 用人单位应当将参加工伤保险的有关情况在本单位内公示。

用人单位和职工应当遵守有关安全生产和职业病防治的法律法规,执行安全卫生规程和标准,预防工伤事故发生,避免和减少职业病危害。

职工发生工伤时,用人单位应当采取措施使工伤职工得到及时救治。

第五条 国务院社会保险行政部门负责全国的工伤保险工作。

县级以上地方各级人民政府社会保险行政部门负责本行政区域内的工伤保险工作。

社会保险行政部门按照国务院有关规定设立的社会保险经办机构(以下称经办机构)具体承办工伤保险事务。

第六条 社会保险行政部门等部门制定工伤保险的政策、标准,应当征求工会组织、用人单位代表的意见。

第二章 工伤保险基金

第七条 工伤保险基金由用人单位缴纳的工伤保险费、工伤保险基金的利息和依法纳入工伤保险基金的其他资金构成。

第八条 工伤保险费根据以支定收、收支平衡的原则，确定费率。

国家根据不同行业的工伤风险程度确定行业的差别费率，并根据工伤保险费使用、工伤发生率等情况在每个行业内确定若干费率档次。行业差别费率及行业内费率档次由国务院社会保险行政部门制定，报国务院批准后公布施行。

统筹地区经办机构根据用人单位工伤保险费使用、工伤发生率等情况，适用所属行业内相应的费率档次确定单位缴费费率。

第九条 国务院社会保险行政部门应当定期了解全国各统筹地区工伤保险基金收支情况，及时提出调整行业差别费率及行业内费率档次的方案，报国务院批准后公布施行。

第十条 用人单位应当按时缴纳工伤保险费。职工个人不缴纳工伤保险费。

用人单位缴纳工伤保险费的数额为本单位职工工资总额乘以单位缴费费率之积。

对难以按照工资总额缴纳工伤保险费的行业，其缴纳工伤保险费的具体方式，由国务院社会保险行政部门规定。

第十一条 工伤保险基金逐步实行省级统筹。

跨地区、生产流动性较大的行业，可以采取相对集中的方式异地参加统筹地区的工伤保险。具体办法由国务院社会保险行政部门会同有关行业的主管部门制定。

第十二条 工伤保险基金存入社会保障基金财政专户，用于本条例规定的工伤保险待遇，劳动能力鉴定，工伤预防的宣传、培训等费用，以及法律、法规规定的用于工伤保险的其他费用的支付。

工伤预防费用的提取比例、使用和管理的具体办法，由国务院社会保险行政部门会同国务院财政、卫生行政、安全生产监督管理等部门规定。

任何单位或者个人不得将工伤保险基金用于投资运营、兴建或者改建办公场所、发放奖金，或者挪作其他用途。

第十三条　工伤保险基金应当留有一定比例的储备金，用于统筹地区重大事故的工伤保险待遇支付；储备金不足支付的，由统筹地区的人民政府垫付。储备金占基金总额的具体比例和储备金的使用办法，由省、自治区、直辖市人民政府规定。

第三章　工伤认定

第十四条　职工有下列情形之一的，应当认定为工伤：

（一）在工作时间和工作场所内，因工作原因受到事故伤害的；

（二）工作时间前后在工作场所内，从事与工作有关的预备性或者收尾性工作受到事故伤害的；

（三）在工作时间和工作场所内，因履行工作职责受到暴力等意外伤害的；

（四）患职业病的；

（五）因工外出期间，由于工作原因受到伤害或者发生事故下落不明的；

（六）在上下班途中，受到非本人主要责任的交通事故或者城市轨道交通、客运轮渡、火车事故伤害的；

（七）法律、行政法规规定应当认定为工伤的其他情形。

第十五条　职工有下列情形之一的，视同工伤：

（一）在工作时间和工作岗位，突发疾病死亡或者在 48 小时之内经抢救无效死亡的；

（二）在抢险救灾等维护国家利益、公共利益活动中受到伤害的；

（三）职工原在军队服役，因战、因公负伤致残，已取得革命伤残军人证，到用人单位后旧伤复发的。

职工有前款第（一）项、第（二）项情形的，按照本条例的有关规定享受工伤保险待遇；职工有前款第（三）项情形的，按照本条例的有关规定享受除一次性伤残补助金以外的工伤保险待遇。

第十六条 职工符合本条例第十四条、第十五条的规定，但是有下列情形之一的，不得认定为工伤或者视同工伤：

（一）故意犯罪的；

（二）醉酒或者吸毒的；

（三）自残或者自杀的。

第十七条 职工发生事故伤害或者按照职业病防治法规定被诊断、鉴定为职业病，所在单位应当自事故伤害发生之日或者被诊断、鉴定为职业病之日起 30 日内，向统筹地区社会保险行政部门提出工伤认定申请。遇有特殊情况，经报社会保险行政部门同意，申请时限可以适当延长。

用人单位未按前款规定提出工伤认定申请的，工伤职工或者其近亲属、工会组织在事故伤害发生之日或者被诊断、鉴定为职业病之日起 1 年内，可以直接向用人单位所在地统筹地区社会保险行政部门提出工伤认定申请。

按照本条第一款规定应当由省级社会保险行政部门进行工伤认定的事项，根据属地原则由用人单位所在地的设区的市级社会保险行政部门办理。

用人单位未在本条第一款规定的时限内提交工伤认定申请,在此期间发生符合本条例规定的工伤待遇等有关费用由该用人单位负担。

第十八条 提出工伤认定申请应当提交下列材料:

(一)工伤认定申请表;

(二)与用人单位存在劳动关系(包括事实劳动关系)的证明材料;

(三)医疗诊断证明或者职业病诊断证明书(或者职业病诊断鉴定书)。

工伤认定申请表应当包括事故发生的时间、地点、原因以及职工伤害程度等基本情况。

工伤认定申请人提供材料不完整的,社会保险行政部门应当一次性书面告知工伤认定申请人需要补正的全部材料。申请人按照书面告知要求补正材料后,社会保险行政部门应当受理。

第十九条 社会保险行政部门受理工伤认定申请后,根据审核需要可以对事故伤害进行调查核实,用人单位、职工、工会组织、医疗机构以及有关部门应当予以协助。职业病诊断和诊断争议的鉴定,依照职业病防治法的有关规定执行。对依法取得职业病诊断证明书或者职业病诊断鉴定书的,社会保险行政部门不再进行调查核实。

职工或者其近亲属认为是工伤,用人单位不认为是工伤的,由用人单位承担举证责任。

第二十条 社会保险行政部门应当自受理工伤认定申请之日起60日内作出工伤认定的决定,并书面通知申请工伤认定的职工或者其近亲属和该职工所在单位。

社会保险行政部门对受理的事实清楚、权利义务明确的工伤认定申请,应当在15日内作出工伤认定的决定。

作出工伤认定决定需要以司法机关或者有关行政主管部门的结论为依据的，在司法机关或者有关行政主管部门尚未作出结论期间，作出工伤认定决定的时限中止。

社会保险行政部门工作人员与工伤认定申请人有利害关系的，应当回避。

第四章　劳动能力鉴定

第二十一条　职工发生工伤，经治疗伤情相对稳定后存在残疾、影响劳动能力的，应当进行劳动能力鉴定。

第二十二条　劳动能力鉴定是指劳动功能障碍程度和生活自理障碍程度的等级鉴定。

劳动功能障碍分为十个伤残等级，最重的为一级，最轻的为十级。

生活自理障碍分为三个等级：生活完全不能自理、生活大部分不能自理和生活部分不能自理。

劳动能力鉴定标准由国务院社会保险行政部门会同国务院卫生行政部门等部门制定。

第二十三条　劳动能力鉴定由用人单位、工伤职工或者其近亲属向设区的市级劳动能力鉴定委员会提出申请，并提供工伤认定决定和职工工伤医疗的有关资料。

第二十四条　省、自治区、直辖市劳动能力鉴定委员会和设区的市级劳动能力鉴定委员会分别由省、自治区、直辖市和设区的市级社会保险行政部门、卫生行政部门、工会组织、经办机构代表以及用人单位代表组成。

劳动能力鉴定委员会建立医疗卫生专家库。列入专家库的医疗卫生专业技术人员应当具备下列条件：

（一）具有医疗卫生高级专业技术职务任职资格；

（二）掌握劳动能力鉴定的相关知识；

（三）具有良好的职业品德。

第二十五条 设区的市级劳动能力鉴定委员会收到劳动能力鉴定申请后，应当从其建立的医疗卫生专家库中随机抽取3名或者5名相关专家组成专家组，由专家组提出鉴定意见。设区的市级劳动能力鉴定委员会根据专家组的鉴定意见作出工伤职工劳动能力鉴定结论；必要时，可以委托具备资格的医疗机构协助进行有关的诊断。

设区的市级劳动能力鉴定委员会应当自收到劳动能力鉴定申请之日起60日内作出劳动能力鉴定结论，必要时，作出劳动能力鉴定结论的期限可以延长30日。劳动能力鉴定结论应当及时送达申请鉴定的单位和个人。

第二十六条 申请鉴定的单位或者个人对设区的市级劳动能力鉴定委员会作出的鉴定结论不服的，可以在收到该鉴定结论之日起15日内向省、自治区、直辖市劳动能力鉴定委员会提出再次鉴定申请。省、自治区、直辖市劳动能力鉴定委员会作出的劳动能力鉴定结论为最终结论。

第二十七条 劳动能力鉴定工作应当客观、公正。劳动能力鉴定委员会组成人员或者参加鉴定的专家与当事人有利害关系的，应当回避。

第二十八条 自劳动能力鉴定结论作出之日起1年后，工伤职工或者其近亲属、所在单位或者经办机构认为伤残情况发生变化的，可以申请劳动能力复查鉴定。

第二十九条 劳动能力鉴定委员会依照本条例第二十六条和第二十八条的规定进行再次鉴定和复查鉴定的期限，依照本条例第二十五条第二款的规定执行。

第五章 工伤保险待遇

第三十条 职工因工作遭受事故伤害或者患职业病进行治疗，享受工伤医疗待遇。

职工治疗工伤应当在签订服务协议的医疗机构就医，情况紧急时可以先到就近的医疗机构急救。

治疗工伤所需费用符合工伤保险诊疗项目目录、工伤保险药品目录、工伤保险住院服务标准的，从工伤保险基金支付。工伤保险诊疗项目目录、工伤保险药品目录、工伤保险住院服务标准，由国务院社会保险行政部门会同国务院卫生行政部门、食品药品监督管理部门等部门规定。

职工住院治疗工伤的伙食补助费，以及经医疗机构出具证明，报经办机构同意，工伤职工到统筹地区以外就医所需的交通、食宿费用从工伤保险基金支付，基金支付的具体标准由统筹地区人民政府规定。

工伤职工治疗非工伤引发的疾病，不享受工伤医疗待遇，按照基本医疗保险办法处理。

工伤职工到签订服务协议的医疗机构进行工伤康复的费用，符合规定的，从工伤保险基金支付。

第三十一条 社会保险行政部门作出认定为工伤的决定后发生行政复议、行政诉讼的，行政复议和行政诉讼期间不停止支付工伤职工治疗工伤的医疗费用。

第三十二条 工伤职工因日常生活或者就业需要，经劳动能力鉴定委员会确认，可以安装假肢、矫形器、假眼、假牙和配置轮椅等辅助器具，所需费用按照国家规定的标准从工伤保险基金支付。

第三十三条 职工因工作遭受事故伤害或者患职业病需要暂停

工作接受工伤医疗的，在停工留薪期内，原工资福利待遇不变，由所在单位按月支付。

停工留薪期一般不超过 12 个月。伤情严重或者情况特殊，经设区的市级劳动能力鉴定委员会确认，可以适当延长，但延长不得超过 12 个月。工伤职工评定伤残等级后，停发原待遇，按照本章的有关规定享受伤残待遇。工伤职工在停工留薪期满后仍需治疗的，继续享受工伤医疗待遇。

生活不能自理的工伤职工在停工留薪期需要护理的，由所在单位负责。

第三十四条 工伤职工已经评定伤残等级并经劳动能力鉴定委员会确认需要生活护理的，从工伤保险基金按月支付生活护理费。

生活护理费按照生活完全不能自理、生活大部分不能自理或者生活部分不能自理 3 个不同等级支付，其标准分别为统筹地区上年度职工月平均工资的 50%、40% 或者 30%。

第三十五条 职工因工致残被鉴定为一级至四级伤残的，保留劳动关系，退出工作岗位，享受以下待遇：

（一）从工伤保险基金按伤残等级支付一次性伤残补助金，标准为：一级伤残为 27 个月的本人工资，二级伤残为 25 个月的本人工资，三级伤残为 23 个月的本人工资，四级伤残为 21 个月的本人工资；

（二）从工伤保险基金按月支付伤残津贴，标准为：一级伤残为本人工资的 90%，二级伤残为本人工资的 85%，三级伤残为本人工资的 80%，四级伤残为本人工资的 75%。伤残津贴实际金额低于当地最低工资标准的，由工伤保险基金补足差额；

（三）工伤职工达到退休年龄并办理退休手续后，停发伤残津贴，按照国家有关规定享受基本养老保险待遇。基本养老保险待遇低于伤残津贴的，由工伤保险基金补足差额。

职工因工致残被鉴定为一级至四级伤残的，由用人单位和职工个人以伤残津贴为基数，缴纳基本医疗保险费。

第三十六条 职工因工致残被鉴定为五级、六级伤残的，享受以下待遇：

（一）从工伤保险基金按伤残等级支付一次性伤残补助金，标准为：五级伤残为18个月的本人工资，六级伤残为16个月的本人工资；

（二）保留与用人单位的劳动关系，由用人单位安排适当工作。难以安排工作的，由用人单位按月发给伤残津贴，标准为：五级伤残为本人工资的70%，六级伤残为本人工资的60%，并由用人单位按照规定为其缴纳应缴纳的各项社会保险费。伤残津贴实际金额低于当地最低工资标准的，由用人单位补足差额。

经工伤职工本人提出，该职工可以与用人单位解除或者终止劳动关系，由工伤保险基金支付一次性工伤医疗补助金，由用人单位支付一次性伤残就业补助金。一次性工伤医疗补助金和一次性伤残就业补助金的具体标准由省、自治区、直辖市人民政府规定。

第三十七条 职工因工致残被鉴定为七级至十级伤残的，享受以下待遇：

（一）从工伤保险基金按伤残等级支付一次性伤残补助金，标准为：七级伤残为13个月的本人工资，八级伤残为11个月的本人工资，九级伤残为9个月的本人工资，十级伤残为7个月的本人工资；

（二）劳动、聘用合同期满终止，或者职工本人提出解除劳动、聘用合同的，由工伤保险基金支付一次性工伤医疗补助金，由用人单位支付一次性伤残就业补助金。一次性工伤医疗补助金和一次性伤残就业补助金的具体标准由省、自治区、直辖市人民政府规定。

第三十八条 工伤职工工伤复发，确认需要治疗的，享受本条例第三十条、第三十二条和第三十三条规定的工伤待遇。

第三十九条 职工因工死亡，其近亲属按照下列规定从工伤保险基金领取丧葬补助金、供养亲属抚恤金和一次性工亡补助金：

（一）丧葬补助金为6个月的统筹地区上年度职工月平均工资；

（二）供养亲属抚恤金按照职工本人工资的一定比例发给由因工死亡职工生前提供主要生活来源、无劳动能力的亲属。标准为：配偶每月40%，其他亲属每人每月30%，孤寡老人或者孤儿每人每月在上述标准的基础上增加10%。核定的各供养亲属的抚恤金之和不应高于因工死亡职工生前的工资。供养亲属的具体范围由国务院社会保险行政部门规定；

（三）一次性工亡补助金标准为上一年度全国城镇居民人均可支配收入（2011年城镇居民人均可支配收入21810元）的20倍。

伤残职工在停工留薪期内因工伤导致死亡的，其近亲属享受本条第一款规定的待遇。

一级至四级伤残职工在停工留薪期满后死亡的，其近亲属可以享受本条第一款第（一）项、第（二）项规定的待遇。

第四十条 伤残津贴、供养亲属抚恤金、生活护理费由统筹地区社会保险行政部门根据职工平均工资和生活费用变化等情况适时调整。调整办法由省、自治区、直辖市人民政府规定。

第四十一条 职工因工外出期间发生事故或者在抢险救灾中下落不明的，从事故发生当月起3个月内照发工资，从第4个月起停发工资，由工伤保险基金向其供养亲属按月支付供养亲属抚恤金。生活有困难的，可以预支一次性工亡补助金的50%。职工被人民法院宣告死亡的，按照本条例第三十九条职工因工死亡的规定处理。

第四十二条 工伤职工有下列情形之一的，停止享受工伤保险待遇：

（一）丧失享受待遇条件的；

（二）拒不接受劳动能力鉴定的；

（三）拒绝治疗的。

第四十三条 用人单位分立、合并、转让的，承继单位应当承担原用人单位的工伤保险责任；原用人单位已经参加工伤保险的，承继单位应当到当地经办机构办理工伤保险变更登记。

用人单位实行承包经营的，工伤保险责任由职工劳动关系所在单位承担。

职工被借调期间受到工伤事故伤害的，由原用人单位承担工伤保险责任，但原用人单位与借调单位可以约定补偿办法。

企业破产的，在破产清算时依法拨付应当由单位支付的工伤保险待遇费用。

第四十四条 职工被派遣出境工作，依据前往国家或者地区的法律应当参加当地工伤保险的，参加当地工伤保险，其国内工伤保险关系中止；不能参加当地工伤保险的，其国内工伤保险关系不中止。

第四十五条 职工再次发生工伤，根据规定应当享受伤残津贴的，按照新认定的伤残等级享受伤残津贴待遇。

第六章　监督管理

第四十六条 经办机构具体承办工伤保险事务，履行下列职责：

（一）根据省、自治区、直辖市人民政府规定，征收工伤保险费；

（二）核查用人单位的工资总额和职工人数，办理工伤保险登记，并负责保存用人单位缴费和职工享受工伤保险待遇情况的记录；

（三）进行工伤保险的调查、统计；

（四）按照规定管理工伤保险基金的支出；

（五）按照规定核定工伤保险待遇；

（六）为工伤职工或者其近亲属免费提供咨询服务。

第四十七条 经办机构与医疗机构、辅助器具配置机构在平等协商的基础上签订服务协议，并公布签订服务协议的医疗机构、辅助器具配置机构的名单。具体办法由国务院社会保险行政部门分别会同国务院卫生行政部门、民政部门等部门制定。

第四十八条 经办机构按照协议和国家有关目录、标准对工伤职工医疗费用、康复费用、辅助器具费用的使用情况进行核查，并按时足额结算费用。

第四十九条 经办机构应当定期公布工伤保险基金的收支情况，及时向社会保险行政部门提出调整费率的建议。

第五十条 社会保险行政部门、经办机构应当定期听取工伤职工、医疗机构、辅助器具配置机构以及社会各界对改进工伤保险工作的意见。

第五十一条 社会保险行政部门依法对工伤保险费的征缴和工伤保险基金的支付情况进行监督检查。

财政部门和审计机关依法对工伤保险基金的收支、管理情况进行监督。

第五十二条 任何组织和个人对有关工伤保险的违法行为，有权举报。社会保险行政部门对举报应当及时调查，按照规定处理，并为举报人保密。

第五十三条 工会组织依法维护工伤职工的合法权益，对用人单位的工伤保险工作实行监督。

第五十四条 职工与用人单位发生工伤待遇方面的争议，按照处理劳动争议的有关规定处理。

第五十五条 有下列情形之一的，有关单位或者个人可以依法申请行政复议，也可以依法向人民法院提起行政诉讼：

（一）申请工伤认定的职工或者其近亲属、该职工所在单位对工伤认定申请不予受理的决定不服的；

（二）申请工伤认定的职工或者其近亲属、该职工所在单位对工伤认定结论不服的；

（三）用人单位对经办机构确定的单位缴费费率不服的；

（四）签订服务协议的医疗机构、辅助器具配置机构认为经办机构未履行有关协议或者规定的；

（五）工伤职工或者其近亲属对经办机构核定的工伤保险待遇有异议的。

第七章　法律责任

第五十六条 单位或者个人违反本条例第十二条规定挪用工伤保险基金，构成犯罪的，依法追究刑事责任；尚不构成犯罪的，依法给予处分或者纪律处分。被挪用的基金由社会保险行政部门追回，并入工伤保险基金；没收的违法所得依法上缴国库。

第五十七条 社会保险行政部门工作人员有下列情形之一的，依法给予处分；情节严重，构成犯罪的，依法追究刑事责任：

（一）无正当理由不受理工伤认定申请，或者弄虚作假将不符合工伤条件的人员认定为工伤职工的；

（二）未妥善保管申请工伤认定的证据材料，致使有关证据灭失的；

（三）收受当事人财物的。

第五十八条 经办机构有下列行为之一的，由社会保险行政部门责令改正，对直接负责的主管人员和其他责任人员依法给予纪律处分；情节严重，构成犯罪的，依法追究刑事责任；造成当事人经济损失的，由经办机构依法承担赔偿责任：

（一）未按规定保存用人单位缴费和职工享受工伤保险待遇情况记录的；

（二）不按规定核定工伤保险待遇的；

（三）收受当事人财物的。

第五十九条 医疗机构、辅助器具配置机构不按服务协议提供服务的，经办机构可以解除服务协议。

经办机构不按时足额结算费用的，由社会保险行政部门责令改正；医疗机构、辅助器具配置机构可以解除服务协议。

第六十条 用人单位、工伤职工或者其近亲属骗取工伤保险待遇，医疗机构、辅助器具配置机构骗取工伤保险基金支出的，由社会保险行政部门责令退还，处骗取金额2倍以上5倍以下的罚款；情节严重，构成犯罪的，依法追究刑事责任。

第六十一条 从事劳动能力鉴定的组织或者个人有下列情形之一的，由社会保险行政部门责令改正，处2000元以上1万元以下的罚款；情节严重，构成犯罪的，依法追究刑事责任：

（一）提供虚假鉴定意见的；

（二）提供虚假诊断证明的；

（三）收受当事人财物的。

第六十二条 用人单位依照本条例规定应当参加工伤保险而未参加的，由社会保险行政部门责令限期参加，补缴应当缴纳的工伤保险费，并自欠缴之日起，按日加收万分之五的滞纳金；逾期仍不缴纳的，处欠缴数额1倍以上3倍以下的罚款。

依照本条例规定应当参加工伤保险而未参加工伤保险的用人单位职工发生工伤的，由该用人单位按照本条例规定的工伤保险待遇项目和标准支付费用。

用人单位参加工伤保险并补缴应当缴纳的工伤保险费、滞纳金后，由工伤保险基金和用人单位依照本条例的规定支付新发生的费用。

第六十三条 用人单位违反本条例第十九条的规定，拒不协助社会保险行政部门对事故进行调查核实的，由社会保险行政部门责令改正，处 2000 元以上 2 万元以下的罚款。

第八章　附　则

第六十四条 本条例所称工资总额，是指用人单位直接支付给本单位全部职工的劳动报酬总额。

本条例所称本人工资，是指工伤职工因工作遭受事故伤害或者患职业病前 12 个月平均月缴费工资。本人工资高于统筹地区职工平均工资 300% 的，按照统筹地区职工平均工资的 300% 计算；本人工资低于统筹地区职工平均工资 60% 的，按照统筹地区职工平均工资的 60% 计算。

第六十五条 公务员和参照公务员法管理的事业单位、社会团体的工作人员因工作遭受事故伤害或者患职业病的，由所在单位支付费用。具体办法由国务院社会保险行政部门会同国务院财政部门规定。

第六十六条 无营业执照或者未经依法登记、备案的单位以及被依法吊销营业执照或者撤销登记、备案的单位的职工受到事故伤害或者患职业病的，由该单位向伤残职工或者死亡职工的近亲属给予一次性赔偿，赔偿标准不得低于本条例规定的工伤保险待遇；用人单位不得使用童工，用人单位使用童工造成童工伤残、死亡的，由该单位向童工或者童工的近亲属给予一次性赔偿，赔偿标准不得低于本条例规定的工伤保险待遇。具体办法由国务院社会保险行政部门规定。

前款规定的伤残职工或者死亡职工的近亲属就赔偿数额与单位发生争议的，以及前款规定的童工或者童工的近亲属就赔偿数额与单位发生争议的，按照处理劳动争议的有关规定处理。

第六十七条 本条例自 2004 年 1 月 1 日起施行。本条例施行前已受到事故伤害或者患职业病的职工尚未完成工伤认定的，按照本条例的规定执行。

附　录

关于做好建筑施工企业农民工
参加工伤保险有关工作的通知

劳社部发〔2006〕44号

各省、自治区、直辖市劳动和社会保障厅（局）、建设厅（建委）：

建筑业是农民工较为集中、工伤风险程度较高的行业。《国务院关于解决农民工问题的若干意见》（国发［2006］号，以下简称国务院5号文件）对农民工特别是建筑行业农民工参加工伤保险提出了明确要求，各地劳动保障部门和建设行政主管部门要深入贯彻落实，加快推进建筑施工企业农民工参加工伤保险工作。现就有关问题通知如下：

一、建筑施工企业要严格按照国务院《工伤保险条例》规定，及时为农民工办理参加工伤保险手续，并按时足额缴纳工伤保险费。同时，按照《建筑法》规定，为施工现场从事危险作业的农民工办理意外伤害保险。

二、建筑施工企业和农民工应当严格遵守有关安全生产和职业病防治的法律法规，执行安全卫生标准和规程，预防工伤事故的发生，避免和减少职业病的发生。

三、各地劳动保障部门要按照《工伤保险条例》、国务院5号文件和《关于农民工参加工伤保险有关问题的通知》（劳社部发〔2004〕18号）、《关于实施农民工"平安计划"加快推进农民工参加工伤保险工作的通知》（劳社部发〔2006〕19号）的要求，针对建筑施工企业跨地区施工、流动性大等特点，切实做好建筑施工企业参加工伤保险的组织实施工作。注册地与生产经营地不在同一统筹地区、未在注册地参加工伤保险的建筑施工企业，在生产经营地参保，鼓励各地探索适合建筑业农民工特点的参保方式；对上一年度工伤费用支出少、工伤发生率低的建筑施工企业，经商建设行政部门同意，在行业基准费率的基础上，按有关规定下浮费率档次执行；建筑施工企业农民工受到事故伤害或者患职业病后，按照有关规定依法进行工伤认定、劳动能力鉴定，享受工伤保险待遇；建筑施工企业办理了参加工伤保险手续后，社会保险经办机构要及时为企业出具工伤保险参保证明。

四、各地建设行政主管部门要加强对建筑施工企业的管理，落实国务院《安全生产许可证条例》和《建筑施工企业安全生产许可证管理规定》，在审核颁发安全生产许可证时，将参加工伤保险作为建筑施工企业取得安全生产许可证的必备条件之一。

五、劳动保障部门和建设行政主管部门要定期交流、通报建设施工企业参加工伤保险情况和相关收支情况，及时研究解决工作中出现的问题，加快推进建筑施工企业参加工伤保险。探索建立工伤预防机制，从工伤保险基金中提取一定比例的资金用于工伤预防工作，充分运用工伤保险浮动费率机制，促进建筑施工企业加强安全生产管理，切实保障农民工合法权益。

劳动和社会保障部

中华人民共和国建设部

二〇〇六年十二月五日

因工死亡职工供养
亲属范围规定

中华人民共和国劳动和社会保障部令
第 18 号

　　《因工死亡职工供养亲属范围规定》已于 2003 年 9 月 18 日经劳动和社会保障部第 5 次部务会议通过，现予颁布，自 2004 年 1 月 1 日起施行。

　　　　　　　　　　　　　　劳动和社会保障部部长
　　　　　　　　　　　　　　二〇〇三年九月二十三日

　　第一条　为明确因工死亡职工供养亲属范围，根据《工伤保险条例》第三十七条第一款第二项的授权，制定本规定。
　　第二条　本规定所称因工死亡职工供养亲属，是指该职工的配偶、子女、父母、祖父母、外祖父母、孙子女、外孙子女、兄弟姐妹。
　　本规定所称子女，包括婚生子女、非婚生子女、养子女和有抚养关系的继子女，其中，婚生子女、非婚生子女包括遗腹子女；
　　本规定所称父母，包括生父母、养父母和有抚养关系的继父母；
　　本规定所称兄弟姐妹，包括同父母的兄弟姐妹、同父异母或者同母异父的兄弟姐妹、养兄弟姐妹、有抚养关系的继兄弟姐妹。
　　第三条　上条规定的人员，依靠因工死亡职工生前提供主要生活来源，并有下列情形之一的，可按规定申请供养亲属抚恤金：

（一）完全丧失劳动能力的；

（二）工亡职工配偶男年满 60 周岁、女年满 55 周岁的；

（三）工亡职工父母男年满 60 周岁、女年满 55 周岁的；

（四）工亡职工子女未满 18 周岁的；

（五）工亡职工父母均已死亡，其祖父、外祖父年满 60 周岁，祖母、外祖母年满 55 周岁的；

（六）工亡职工子女已经死亡或完全丧失劳动能力，其孙子女、外孙子女未满 18 周岁的；

（七）工亡职工父母均已死亡或完全丧失劳动能力，其兄弟姐妹未满 18 周岁的。

第四条 领取抚恤金人员有下列情形之一的，停止享受抚恤金待遇：

（一）年满 18 周岁且未完全丧失劳动能力的；

（二）就业或参军的；

（三）工亡职工配偶再婚的；

（四）被他人或组织收养的；

（五）死亡的。

第五条 领取抚恤金的人员，在被判刑收监执行期间，停止享受抚恤金待遇。刑满释放仍符合领取抚恤金资格的，按规定的标准享受抚恤金。

第六条 因工死亡职工供养亲属享受抚恤金待遇的资格，由统筹地区社会保险经办机构核定。

因工死亡职工供养亲属的劳动能力鉴定，由因工死亡职工生前单位所在地设区的市级劳动能力鉴定委员会负责。

第七条 本办法自 2004 年 1 月 1 日起施行。

工伤认定办法

中华人民共和国人力资源和社会保障部令
第 8 号

新修订的《工伤认定办法》已经人力资源和社会保障部第 56 次部务会议通过，现予公布，自 2011 年 1 月 1 日起施行。劳动和社会保障部 2003 年 9 月 23 日颁布的《工伤认定办法》同时废止。

二〇一〇年十二月三十一日

第一条　为规范工伤认定程序，依法进行工伤认定，维护当事人的合法权益，根据《工伤保险条例》的有关规定，制定本办法。

第二条　社会保险行政部门进行工伤认定按照本办法执行。

第三条　工伤认定应当客观公正、简捷方便，认定程序应当向社会公开。

第四条　职工发生事故伤害或者按照职业病防治法规定被诊断、鉴定为职业病，所在单位应当自事故伤害发生之日或者被诊断、鉴定为职业病之日起 30 日内，向统筹地区社会保险行政部门提出工伤认定申请。遇有特殊情况，经报社会保险行政部门同意，申请时限可以适当延长。

按照前款规定应当向省级社会保险行政部门提出工伤认定申请的，根据属地原则应当向用人单位所在地设区的市级社会保险行政部门提出。

第五条　用人单位未在规定的时限内提出工伤认定申请的，受伤害职工或者其近亲属、工会组织在事故伤害发生之日或者被诊断、鉴定为职业病之日起 1 年内，可以直接按照本办法第四条规定提出工伤认定申请。

第六条 提出工伤认定申请应当填写《工伤认定申请表》，并提交下列材料：

（一）劳动、聘用合同文本复印件或者与用人单位存在劳动关系（包括事实劳动关系）、人事关系的其他证明材料；

（二）医疗机构出具的受伤后诊断证明书或者职业病诊断证明书（或者职业病诊断鉴定书）。

第七条 工伤认定申请人提交的申请材料符合要求，属于社会保险行政部门管辖范围且在受理时限内的，社会保险行政部门应当受理。

第八条 社会保险行政部门收到工伤认定申请后，应当在 15 日内对申请人提交的材料进行审核，材料完整的，作出受理或者不予受理的决定；材料不完整的，应当以书面形式一次性告知申请人需要补正的全部材料。社会保险行政部门收到申请人提交的全部补正材料后，应当在 15 日内作出受理或者不予受理的决定。

社会保险行政部门决定受理的，应当出具《工伤认定申请受理决定书》；决定不予受理的，应当出具《工伤认定申请不予受理决定书》。

第九条 社会保险行政部门受理工伤认定申请后，可以根据需要对申请人提供的证据进行调查核实。

第十条 社会保险行政部门进行调查核实，应当由两名以上工作人员共同进行，并出示执行公务的证件。

第十一条 社会保险行政部门工作人员在工伤认定中，可以进行以下调查核实工作：

（一）根据工作需要，进入有关单位和事故现场；

（二）依法查阅与工伤认定有关的资料，询问有关人员并作出调查笔录；

（三）记录、录音、录像和复制与工伤认定有关的资料。调查核实工作的证据收集参照行政诉讼证据收集的有关规定执行。

第十二条 社会保险行政部门工作人员进行调查核实时，有关单位和个人应当予以协助。用人单位、工会组织、医疗机构以及有关部门应当负责安排相关人员配合工作，据实提供情况和证明材料。

第十三条 社会保险行政部门在进行工伤认定时，对申请人提供的符合国家有关规定的职业病诊断证明书或者职业病诊断鉴定书，不再进行调查核实。职业病诊断证明书或者职业病诊断鉴定书不符合国家规定的要求和格式的，社会保险行政部门可以要求出具证据部门重新提供。

第十四条 社会保险行政部门受理工伤认定申请后，可以根据工作需要，委托其他统筹地区的社会保险行政部门或者相关部门进行调查核实。

第十五条 社会保险行政部门工作人员进行调查核实时，应当履行下列义务：

（一）保守有关单位商业秘密以及个人隐私；

（二）为提供情况的有关人员保密。

第十六条 社会保险行政部门工作人员与工伤认定申请人有利害关系的，应当回避。

第十七条 职工或者其近亲属认为是工伤，用人单位不认为是工伤的，由该用人单位承担举证责任。用人单位拒不举证的，社会保险行政部门可以根据受伤害职工提供的证据或者调查取得的证据，依法作出工伤认定决定。

第十八条 社会保险行政部门应当自受理工伤认定申请之日起

60 日内作出工伤认定决定，出具《认定工伤决定书》或者《不予认定工伤决定书》。

第十九条　《认定工伤决定书》应当载明下列事项：

（一）用人单位全称；

（二）职工的姓名、性别、年龄、职业、身份证号码；

（三）受伤害部位、事故时间和诊断时间或职业病名称、受伤害经过和核实情况、医疗救治的基本情况和诊断结论；

（四）认定工伤或者视同工伤的依据；

（五）不服认定决定申请行政复议或者提起行政诉讼的部门和时限；

（六）作出认定工伤或者视同工伤决定的时间。

《不予认定工伤决定书》应当载明下列事项：

（一）用人单位全称；

（二）职工的姓名、性别、年龄、职业、身份证号码；

（三）不予认定工伤或者不视同工伤的依据；

（四）不服认定决定申请行政复议或者提起行政诉讼的部门和时限；

（五）作出不予认定工伤或者不视同工伤决定的时间。

《认定工伤决定书》和《不予认定工伤决定书》应当加盖社会保险行政部门工伤认定专用印章。

第二十条　社会保险行政部门受理工伤认定申请后，作出工伤认定决定需要以司法机关或者有关行政主管部门的结论为依据的，在司法机关或者有关行政主管部门尚未作出结论期间，作出工伤认定决定的时限中止，并书面通知申请人。

第二十一条　社会保险行政部门对于事实清楚、权利义务明确的工伤认定申请，应当自受理工伤认定申请之日起 15 日内作出工伤认定决定。

第二十二条　社会保险行政部门应当自工伤认定决定作出之日起20日内，将《认定工伤决定书》或者《不予认定工伤决定书》送达受伤害职工（或者其近亲属）和用人单位，并抄送社会保险经办机构。

《认定工伤决定书》和《不予认定工伤决定书》的送达参照民事法律有关送达的规定执行。

第二十三条　职工或者其近亲属、用人单位对不予受理决定不服或者对工伤认定决定不服的，可以依法申请行政复议或者提起行政诉讼。

第二十四条　工伤认定结束后，社会保险行政部门应当将工伤认定的有关资料保存50年。

第二十五条　用人单位拒不协助社会保险行政部门对事故伤害进行调查核实的，由社会保险行政部门责令改正，处2000元以上2万元以下的罚款。

第二十六条　本办法中的《工伤认定申请表》、《工伤认定申请受理决定书》、《工伤认定申请不予受理决定书》、《认定工伤决定书》、《不予认定工伤决定书》的样式由国务院社会保险行政部门统一制定。

第二十七条　本办法自2011年1月1日起施行。劳动和社会保障部2003年9月23日颁布的《工伤认定办法》同时废止。

工伤认定申请表

（劳动和社会保障部制定）

编号：

申请人：　　　　　　　　　　　　受伤害职工：

申请人与受伤害职工关系：　　　填表日期：　　年　月　日

职工姓名		性别		出生日期	年　月　日
身份证号码				联系电话	
家庭地址				邮政编码	
工作单位				联系电话	
单位地址				邮政编码	
职业、工种或工作岗位				参加工作时间	
事故时间、地点及主要原因				诊断时间	
受伤害部位				职业病名称	
接触职业病危害岗位				接触职业病危害时间	
受伤害经过简述（可附页）					

申请事项：	
	申请人签字：
	年　月　日
用人单位意见：	
	经办人签字
	（公章）
	年　月　日

社会保险行政部门审查资料和受理意见	
	经办人签字：
	年　月　日
	负责人签字：
	（公章）
	年　月　日

备注：	

填表说明：

1. 用钢笔或签字笔填写，字体工整清楚。

2. 申请人为用人单位的，在首页申请人处加盖单位公章。

3. 受伤害部位一栏填写受伤害的具体部位。

4. 诊断时间一栏，职业病者，按职业病确诊时间填写；受伤或死亡的，按初诊时间填写。

5. 受伤害经过简述，应写明事故发生的时间、地点，当时所从事的工作，受伤害的原因以及伤害部位和程度。职业病患者应写明在何单位从事何种有害作业，起止时间，确诊结果。

6. 申请人提出工伤认定申请时，应当提交受伤害职工的居民身份证；医疗机构出具的职工受伤害时初诊诊断证明书，或者依法承担职业病诊断的医疗机构出具的职业病诊断证明书（或者职业病诊断鉴定书）；职工受伤害或者诊断患职业病时与用人单位之间的劳动、聘用合同或者其他存在劳动、人事关系的证明。

有下列情形之一的，还应当分别提交相应证据：

（一）职工死亡的，提交死亡证明；

（二）在工作时间和工作场所内，因履行工作职责受到暴力等意外伤害的，提交公安部门的证明或者其他相关证明；

（三）因工外出期间，由于工作原因受到伤害或者发生事故下落不明的，提交公安部门的证明或者相关部门的证明；

（四）上下班途中，受到非本人主要责任的交通事故或者城市轨道交通、客运轮渡、火车事故伤害的，提交公安机关交通管理部门或者其他相关部门的证明；

（五）在工作时间和工作岗位，突发疾病死亡或者在 48 小时之内经抢救无效死亡的，提交医疗机构的抢救证明；

（六）在抢险救灾等维护国家利益、公共利益活动中受到伤害的，提交民政部门或者其他相关部门的证明；

（七）属于因战、因公负伤致残的转业、复员军人，旧伤复发的，提交《革命伤残军人证》及劳动能力鉴定机构对旧伤复发的确认。

7. 申请事项栏，应写明受伤害职工或者其近亲属、工会组织提出工伤认定申请并签字。

8. 用人单位意见栏，应签署是否同意申请工伤，所填情况是否属实，经办人签字并加盖单位公章。

9. 社会保险行政部门审查资料和受理意见栏，应填写补正材料或是否受理的意见。

10. 此表一式二份，社会保险行政部门、申请人各留存一份。

非法用工单位伤亡人员
一次性赔偿办法

中华人民共和国人力资源和社会保障部令
第9号

新修订的《非法用工单位伤亡人员一次性赔偿办法》已经人力资源和社会保障部第56次部务会议通过，现予公布，自2011年1月1日起施行。劳动和社会保障部2003年9月23日颁布的《非法用工单位伤亡人员一次性赔偿办法》同时废止。

人力资源和社会保障部部长
二〇一〇年十二月三十一日

第一条 根据《工伤保险条例》第六十六条第一款的授权，制定本办法。

第二条 本办法所称非法用工单位伤亡人员，是指无营业执照或者未经依法登记、备案的单位以及被依法吊销营业执照或者撤销登记、备案的单位受到事故伤害或者患职业病的职工，或者用人单位使用童工造成的伤残、死亡童工。

前款所列单位必须按照本办法的规定向伤残职工或者死亡职工的近亲属、伤残童工或者死亡童工的近亲属给予一次性赔偿。

第三条 一次性赔偿包括受到事故伤害或者患职业病的职工或童工在治疗期间的费用和一次性赔偿金。一次性赔偿金数额应当在

受到事故伤害或者患职业病的职工或童工死亡或者经劳动能力鉴定
后确定。

劳动能力鉴定按照属地原则由单位所在地设区的市级劳动能力
鉴定委员会办理。劳动能力鉴定费用由伤亡职工或童工所在单位
支付。

第四条 职工或童工受到事故伤害或者患职业病，在劳动能力
鉴定之前进行治疗期间的生活费按照统筹地区上年度职工月平均工
资标准确定，医疗费、护理费、住院期间的伙食补助费以及所需的
交通费等费用按照《工伤保险条例》规定的标准和范围确定，并全
部由伤残职工或童工所在单位支付。

第五条 一次性赔偿金按照以下标准支付：

一级伤残的为赔偿基数的 16 倍，二级伤残的为赔偿基数的 14
倍，三级伤残的为赔偿基数的 12 倍，四级伤残的为赔偿基数的 10
倍，五级伤残的为赔偿基数的 8 倍，六级伤残的为赔偿基数的 6
倍，七级伤残的为赔偿基数的 4 倍，八级伤残的为赔偿基数的 3
倍，九级伤残的为赔偿基数的 2 倍，十级伤残的为赔偿基数的
1 倍。

前款所称赔偿基数，是指单位所在工伤保险统筹地区上年度职
工年平均工资。

第六条 受到事故伤害或者患职业病造成死亡的，按照上一年
度全国城镇居民人均可支配收入的 20 倍支付一次性赔偿金，并按
照上一年度全国城镇居民人均可支配收入的 10 倍一次性支付丧葬
补助等其他赔偿金。

第七条 单位拒不支付一次性赔偿的，伤残职工或者死亡职工
的近亲属、伤残童工或者死亡童工的近亲属可以向人力资源和社会
保障行政部门举报。经查证属实的，人力资源和社会保障行政部门
应当责令该单位限期改正。

第八条 伤残职工或者死亡职工的近亲属、伤残童工或者死亡童工的近亲属就赔偿数额与单位发生争议的，按照劳动争议处理的有关规定处理。

第九条 本办法自 2011 年 1 月 1 日起施行。劳动和社会保障部 2003 年 9 月 23 日颁布的《非法用工单位伤亡人员一次性赔偿办法》同时废止。

建筑施工人员个人劳动保护用品
使用管理暂行规定

关于印发《建筑施工人员个人劳动保护用品
使用管理暂行规定》的通知
建质〔2007〕255号

各省、自治区建设厅，直辖市建委，江苏省、山东省建管
局，新疆生产建设兵团建设局：

现将《建筑施工人员个人劳动保护用品使用管理暂行
规定》印发给你们，请结合本地区实际，认真贯彻执行。

中华人民共和国建设部
二〇〇七年十一月五日

第一条 为加强对建筑施工人员个人劳动保护用品的使用管
理，保障施工作业人员安全与健康，根据《中华人民共和国建筑
法》、《建设工程安全生产管理条例》、《安全生产许可证条例》等
法律法规，制定本规定。

第二条 本规定所称个人劳动保护用品，是指在建筑施工现
场，从事建筑施工活动的人员使用的安全帽、安全带以及安全（绝
缘）鞋、防护眼镜、防护手套、防尘（毒）口罩等个人劳动保护
用品（以下简称"劳动保护用品"）。

第三条 凡从事建筑施工活动的企业和个人，劳动保护用品的
采购、发放、使用、管理等必须遵守本规定。

第四条 劳动保护用品的发放和管理，坚持"谁用工，谁负

责"的原则。施工作业人员所在企业（包括总承包企业、专业承包企业、劳务企业等，下同）必须按国家规定免费发放劳动保护用品，更换已损坏或已到使用期限的劳动保护用品，不得收取或变相收取任何费用。

劳动保护用品必须以实物形式发放，不得以货币或其他物品替代。

第五条 企业应建立完善劳动保护用品的采购、验收、保管、发放、使用、更换、报废等规章制度。同时应建立相应的管理台账，管理台账保存期限不得少于两年，以保证劳动保护用品的质量具有可追溯性。

第六条 企业采购、个人使用的安全帽、安全带及其他劳动防护用品等，必须符合《安全帽》（GB2811）、《安全带》（GB6095）及其他劳动保护用品相关国家标准的要求。

企业、施工作业人员，不得采购和使用无安全标记或不符合国家相关标准要求的劳动保护用品。

第七条 企业应当按照劳动保护用品采购管理制度的要求，明确企业内部有关部门、人员的采购管理职责。企业在一个地区组织施工的，可以集中统一采购；对企业工程项目分布在多个地区，集中统一采购有困难的，可由各地区或项目部集中采购。

第八条 企业采购劳动保护用品时，应查验劳动保护用品生产厂家或供货商的生产、经营资格，验明商品合格证明和商品标识，以确保采购劳动保护用品的质量符合安全使用要求。

企业应当向劳动保护用品生产厂家或供货商索要法定检验机构出具的检验报告或由供货商签字盖章的检验报告复印件，不能提供检验报告或检验报告复印件的劳动保护用品不得采购。

第九条 企业应加强对施工作业人员的教育培训，保证施工作业人员能正确使用劳动保护用品。

工程项目部应有教育培训的记录，有培训人员和被培训人员的签名和时间。

第十条 企业应加强对施工作业人员劳动保护用品使用情况的检查，并对施工作业人员劳动保护用品的质量和正确使用负责。实行施工总承包的工程项目，施工总承包企业应加强对施工现场内所有施工作业人员劳动保护用品的监督检查。督促相关分包企业和人员正确使用劳动保护用品。

第十一条 施工作业人员有接受安全教育培训的权利，有按照工作岗位规定使用合格的劳动保护用品的权利；有拒绝违章指挥、拒绝使用不合格劳动保护用品的权利。同时，也负有正确使用劳动保护用品的义务。

第十二条 监理单位要加强对施工现场劳动保护用品的监督检查。发现有不使用、或使用不符合要求的劳动保护用品，应责令相关企业立即改正。对拒不改正的，应当向建设行政主管部门报告。

第十三条 建设单位应当及时、足额向施工企业支付安全措施专项经费，并督促施工企业落实安全防护措施，使用符合相关国家产品质量要求的劳动保护用品。

第十四条 各级建设行政主管部门应当加强对施工现场劳动保护用品使用情况的监督管理。发现有不使用、或使用不符合要求的劳动保护用品的违法违规行为的，应当责令改正；对因不使用或使用不符合要求的劳动保护用品造成事故或伤害的，应当依据《建设工程安全生产管理条例》和《安全生产许可证条例》等法律法规，对有关责任方给予行政处罚。

第十五条 各级建设行政主管部门应将企业劳动保护用品的发放、管理情况列入建筑施工企业《安全生产许可证》条件的审查内容之一；施工现场劳动保护用品的质量情况作为认定企业是否降低安全生产条件的内容之一；施工作业人员是否正确使用劳动保护用品情况作为考核企业安全生产教育培训是否到位的依据之一。

第十六条 各地建设行政主管部门可建立合格劳动保护用品的信息公告制度，为企业购买合格的劳动保护用品提供信息服务。同时依法加大对采购、使用不合格劳动保护用品的处罚力度。

第十七条 施工现场内，为保证施工作业人员安全与健康所需的其他劳动保护用品可参照本规定执行。

第十八条 各地可根据本规定，制定具体的实施办法。

第十九条 本规定自发布之日起施行。

人力资源社会保障部关于执行
《工伤保险条例》若干问题的意见

人社部发〔2013〕34号

各省、自治区、直辖市及新疆生产建设兵团人力资源社会保障厅（局）：

《国务院关于修改〈工伤保险条例〉的决定》（国务院令第586号）已经于2011年1月1日实施。为贯彻执行新修订的《工伤保险条例》，妥善解决实际工作中的问题，更好地保障职工和用人单位的合法权益，现提出如下意见。

一、《工伤保险条例》（以下简称《条例》）第十四条第（五）项规定的"因工外出期间"的认定，应当考虑职工外出是否属于用人单位指派的因工作外出，遭受的事故伤害是否因工作原因所致。

二、《条例》第十四条第（六）项规定的"非本人主要责任"的认定，应当以有关机关出具的法律文书或者人民法院的生效裁决为依据。

三、《条例》第十六条第（一）项"故意犯罪"的认定，应当以司法机关的生效法律文书或者结论性意见为依据。

四、《条例》第十六条第（二）项"醉酒或者吸毒"的认定，应当以有关机关出具的法律文书或者人民法院的生效裁决为依据。无法获得上述证据的，可以结合相关证据认定。

五、社会保险行政部门受理工伤认定申请后，发现劳动关系存在争议且无法确认的，应告知当事人可以向劳动人事争议仲裁委员会申请仲裁。在此期间，作出工伤认定决定的时限中止，并书面通知申请工伤认定的当事人。劳动关系依法确认后，当事人应将有关法律文书送交受理工伤认定申请的社会保险行政部门，该部门自收到生效法律文书之日起恢复工伤认定程序。

六、符合《条例》第十五条第（一）项情形的，职工所在用人单位原则上应自职工死亡之日起5个工作日内向用人单位所在统筹地区社会保险行政部门报告。

七、具备用工主体资格的承包单位违反法律、法规规定，将承包业务转包、分包给不具备用工主体资格的组织或者自然人，该组织或者自然人招用的劳动者从事承包业务时因工伤亡的，由该具备用工主体资格的承包单位承担用人单位依法应承担的工伤保险责任。

八、曾经从事接触职业病危害作业、当时没有发现罹患职业病、离开工作岗位后被诊断或鉴定为职业病的符合下列条件的人员，可以自诊断、鉴定为职业病之日起一年内申请工伤认定，社会保险行政部门应当受理：

（一）办理退休手续后，未再从事接触职业病危害作业的退休人员；

（二）劳动或聘用合同期满后或者本人提出而解除劳动或聘用合同后，未再从事接触职业病危害作业的人员。

经工伤认定和劳动能力鉴定，前款第（一）项人员符合领取一次性伤残补助金条件的，按就高原则以本人退休前12个月平均月缴费工资或者确诊职业病前12个月的月平均养老金为基数计发。前款第（二）项人员被鉴定为一级至十级伤残、按《条例》规定应以本人工资作为基数享受相关待遇的，按本人终止或者解除劳动、聘用合同前12个月平均月缴费工资计发。

九、按照本意见第八条规定被认定为工伤的职业病人员，职业病诊断证明书（或职业病诊断鉴定书）中明确的用人单位，在该职工从业期间依法为其缴纳工伤保险费的，按《条例》的规定，分别由工伤保险基金和用人单位支付工伤保险待遇；未依法为该职工缴纳工伤保险费的，由用人单位按照《条例》规定的相关项目和标准支付待遇。

十、职工在同一用人单位连续工作期间多次发生工伤的，符合《条例》第三十六、第三十七条规定领取相关待遇时，按照其在同一用人单位发生工伤的最高伤残级别，计发一次性伤残就业补助金和一次性工伤医疗补助金。

十一、依据《条例》第四十二条的规定停止支付工伤保险待遇的，在停止支付待遇的情形消失后，自下月起恢复工伤保险待遇，停止支付的工伤保险待遇不予补发。

十二、《条例》第六十二条第三款规定的"新发生的费用"，是指用人单位职工参加工伤保险前发生工伤的，在参加工伤保险后新发生的费用。

十三、由工伤保险基金支付的各项待遇应按《条例》相关规定支付，不得采取将长期待遇改为一次性支付的办法。

十四、核定工伤职工工伤保险待遇时，若上一年度相关数据尚未公布，可暂按前一年度的全国城镇居民人均可支配收入、统筹地区职工月平均工资核定和计发，待相关数据公布后再重新核定，社会保险经办机构或者用人单位予以补发差额部分。

本意见自发文之日起执行，此前有关规定与本意见不一致的，按本意见执行。执行中有重大问题，请及时报告我部。

人力资源社会保障部
2013 年 4 月 25 日

人力资源社会保障部关于执行

《工伤保险条例》若干问题的意见（二）

人社部发〔2016〕29 号

各省、自治区、直辖市及新疆生产建设兵团人力资源社会保障厅
（局）：

为更好地贯彻执行新修订的《工伤保险条例》，提高依法行政
能力和水平，妥善解决实际工作中的问题，保障职工和用人单位合
法权益，现提出如下意见：

一、一级至四级工伤职工死亡，其近亲属同时符合领取工伤保
险丧葬补助金、供养亲属抚恤金待遇和职工基本养老保险丧葬补助
金、抚恤金待遇条件的，由其近亲属选择领取工伤保险或职工基本
养老保险其中一种。

二、达到或超过法定退休年龄，但未办理退休手续或者未依法
享受城镇职工基本养老保险待遇，继续在原用人单位工作期间受到
事故伤害或患职业病的，用人单位依法承担工伤保险责任。

用人单位招用已经达到、超过法定退休年龄或已经领取城镇职
工基本养老保险待遇的人员，在用工期间因工作原因受到事故伤害
或患职业病的，如招用单位已按项目参保等方式为其缴纳工伤保险
费的，应适用《工伤保险条例》。

三、《工伤保险条例》第六十二条规定的"新发生的费用"，
是指用人单位参加工伤保险前发生工伤的职工，在参加工伤保险后
新发生的费用。其中由工伤保险基金支付的费用，按不同情况予以
处理：

（一）因工受伤的，支付参保后新发生的工伤医疗费、工伤康

复费、住院伙食补助费、统筹地区以外就医交通食宿费、辅助器具配置费、生活护理费、一级至四级伤残职工伤残津贴，以及参保后解除劳动合同时的一次性工伤医疗补助金；

（二）因工死亡的，支付参保后新发生的符合条件的供养亲属抚恤金。

四、职工在参加用人单位组织或者受用人单位指派参加其他单位组织的活动中受到事故伤害的，应当视为工作原因，但参加与工作无关的活动除外。

五、职工因工作原因驻外，有固定的住所、有明确的作息时间，工伤认定时按照在驻在地当地正常工作的情形处理。

六、职工以上下班为目的、在合理时间内往返于工作单位和居住地之间的合理路线，视为上下班途中。

七、用人单位注册地与生产经营地不在同一统筹地区的，原则上应在注册地为职工参加工伤保险；未在注册地参加工伤保险的职工，可由用人单位在生产经营地为其参加工伤保险。

劳务派遣单位跨地区派遣劳动者，应根据《劳务派遣暂行规定》参加工伤保险。建筑施工企业按项目参保的，应在施工项目所在地参加工伤保险。

职工受到事故伤害或者患职业病后，在参保地进行工伤认定、劳动能力鉴定，并按照参保地的规定依法享受工伤保险待遇；未参加工伤保险的职工，应当在生产经营地进行工伤认定、劳动能力鉴定，并按照生产经营地的规定依法由用人单位支付工伤保险待遇。

八、有下列情形之一的，被延误的时间不计算在工伤认定申请时限内。

（一）受不可抗力影响的；

（二）职工由于被国家机关依法采取强制措施等人身自由受到限制不能申请工伤认定的；

（三）申请人正式提交了工伤认定申请，但因社会保险机构未登记或者材料遗失等原因造成申请超时限的；

（四）当事人就确认劳动关系申请劳动仲裁或提起民事诉讼的；

（五）其他符合法律法规规定的情形。

九、《工伤保险条例》第六十七条规定的"尚未完成工伤认定的"，是指在《工伤保险条例》施行前遭受事故伤害或被诊断鉴定为职业病，且在工伤认定申请法定时限内（从《工伤保险条例》施行之日起算）提出工伤认定申请，尚未做出工伤认定的情形。

十、因工伤认定申请人或者用人单位隐瞒有关情况或者提供虚假材料，导致工伤认定决定错误的，社会保险行政部门发现后，应当及时予以更正。

本意见自发文之日起执行，此前有关规定与本意见不一致的，按本意见执行。执行中有重大问题，请及时报告我部。

人力资源社会保障部

2016 年 3 月 28 日

工伤职工劳动能力
鉴定管理办法

人力资源和社会保障部、国家卫生和
计划生育委员会令

《工伤职工劳动能力鉴定管理办法》已经人力资源社会保障部部务会、国家卫生计生委委主任会议讨论通过，现予公布，自2014年4月1日起施行。

人力资源社会保障部部长
国家卫生计生委主任
2014年2月20日

第一章 总 则

第一条 为了加强劳动能力鉴定管理，规范劳动能力鉴定程序，根据《中华人民共和国社会保险法》、《中华人民共和国职业病防治法》和《工伤保险条例》，制定本办法。

第二条 劳动能力鉴定委员会依据《劳动能力鉴定 职工工伤与职业病致残等级》国家标准，对工伤职工劳动功能障碍程度和生活自理障碍程度组织进行技术性等级鉴定，适用本办法。

第三条 省、自治区、直辖市劳动能力鉴定委员会和设区的市级（含直辖市的市辖区、县，下同）劳动能力鉴定委员会分别由省、自治区、直辖市和设区的市级人力资源社会保障行政部门、卫生计生行政部门、工会组织、用人单位代表以及社会保险经办机构代表组成。

承担劳动能力鉴定委员会日常工作的机构，其设置方式由各地根据实际情况决定。

第四条 劳动能力鉴定委员会履行下列职责：

（一）选聘医疗卫生专家，组建医疗卫生专家库，对专家进行培训和管理；

（二）组织劳动能力鉴定；

（三）根据专家组的鉴定意见作出劳动能力鉴定结论；

（四）建立完整的鉴定数据库，保管鉴定工作档案 50 年；

（五）法律、法规、规章规定的其他职责。

第五条 设区的市级劳动能力鉴定委员会负责本辖区内的劳动能力初次鉴定、复查鉴定。

省、自治区、直辖市劳动能力鉴定委员会负责对初次鉴定或者复查鉴定结论不服提出的再次鉴定。

第六条 劳动能力鉴定相关政策、工作制度和业务流程应当向社会公开。

第二章　鉴定程序

第七条 职工发生工伤，经治疗伤情相对稳定后存在残疾、影响劳动能力的，或者停工留薪期满（含劳动能力鉴定委员会确认的延长期限），工伤职工或者其用人单位应当及时向设区的市级劳动能力鉴定委员会提出劳动能力鉴定申请。

第八条 申请劳动能力鉴定应当填写劳动能力鉴定申请表，并提交下列材料：

（一）《工伤认定决定书》原件和复印件；

（二）有效的诊断证明、按照医疗机构病历管理有关规定复印或者复制的检查、检验报告等完整病历材料；

（三）工伤职工的居民身份证或者社会保障卡等其他有效身份

证明原件和复印件；

（四）劳动能力鉴定委员会规定的其他材料。

第九条 劳动能力鉴定委员会收到劳动能力鉴定申请后，应当及时对申请人提交的材料进行审核；申请人提供材料不完整的，劳动能力鉴定委员会应当自收到劳动能力鉴定申请之日起5个工作日内一次性书面告知申请人需要补正的全部材料。

申请人提供材料完整的，劳动能力鉴定委员会应当及时组织鉴定，并在收到劳动能力鉴定申请之日起60日内作出劳动能力鉴定结论。伤情复杂、涉及医疗卫生专业较多的，作出劳动能力鉴定结论的期限可以延长30日。

第十条 劳动能力鉴定委员会应当视伤情程度等从医疗卫生专家库中随机抽取3名或者5名与工伤职工伤情相关科别的专家组成专家组进行鉴定。

第十一条 劳动能力鉴定委员会应当提前通知工伤职工进行鉴定的时间、地点以及应当携带的材料。工伤职工应当按照通知的时间、地点参加现场鉴定。对行动不便的工伤职工，劳动能力鉴定委员会可以组织专家上门进行劳动能力鉴定。组织劳动能力鉴定的工作人员应当对工伤职工的身份进行核实。

工伤职工因故不能按时参加鉴定的，经劳动能力鉴定委员会同意，可以调整现场鉴定的时间，作出劳动能力鉴定结论的期限相应顺延。

第十二条 因鉴定工作需要，专家组提出应当进行有关检查和诊断的，劳动能力鉴定委员会可以委托具备资格的医疗机构协助进行有关的检查和诊断。

第十三条 专家组根据工伤职工伤情，结合医疗诊断情况，依据《劳动能力鉴定 职工工伤与职业病致残等级》国家标准提出鉴定意见。参加鉴定的专家都应当签署意见并签名。

专家意见不一致时，按照少数服从多数的原则确定专家组的鉴定意见。

第十四条 劳动能力鉴定委员会根据专家组的鉴定意见作出劳动能力鉴定结论。劳动能力鉴定结论书应当载明下列事项：

（一）工伤职工及其用人单位的基本信息；

（二）伤情介绍，包括伤残部位、器官功能障碍程度、诊断情况等；

（三）作出鉴定的依据；

（四）鉴定结论。

第十五条 劳动能力鉴定委员会应当自作出鉴定结论之日起 20 日内将劳动能力鉴定结论及时送达工伤职工及其用人单位，并抄送社会保险经办机构。

第十六条 工伤职工或者其用人单位对初次鉴定结论不服的，可以在收到该鉴定结论之日起 15 日内向省、自治区、直辖市劳动能力鉴定委员会申请再次鉴定。

申请再次鉴定，除提供本办法第八条规定的材料外，还需提交劳动能力初次鉴定结论原件和复印件。

省、自治区、直辖市劳动能力鉴定委员会作出的劳动能力鉴定结论为最终结论。

第十七条 自劳动能力鉴定结论作出之日起 1 年后，工伤职工、用人单位或者社会保险经办机构认为伤残情况发生变化的，可以向设区的市级劳动能力鉴定委员会申请劳动能力复查鉴定。

对复查鉴定结论不服的，可以按照本办法第十六条规定申请再次鉴定。

第十八条 工伤职工本人因身体等原因无法提出劳动能力初次鉴定、复查鉴定、再次鉴定申请的，可由其近亲属代为提出。

第十九条 再次鉴定和复查鉴定的程序、期限等按照本办法第九条至第十五条的规定执行。

第三章 监督管理

第二十条 劳动能力鉴定委员会应当每 3 年对专家库进行一次调整和补充，实行动态管理。确有需要的，可以根据实际情况适时调整。

第二十一条 劳动能力鉴定委员会选聘医疗卫生专家，聘期一般为 3 年，可以连续聘任。

聘任的专家应当具备下列条件：

（一）具有医疗卫生高级专业技术职务任职资格；

（二）掌握劳动能力鉴定的相关知识；

（三）具有良好的职业品德。

第二十二条 参加劳动能力鉴定的专家应当按照规定的时间、地点进行现场鉴定，严格执行劳动能力鉴定政策和标准，客观、公正地提出鉴定意见。

第二十三条 用人单位、工伤职工或者其近亲属应当如实提供鉴定需要的材料，遵守劳动能力鉴定相关规定，按照要求配合劳动能力鉴定工作。

工伤职工有下列情形之一的，当次鉴定终止：

（一）无正当理由不参加现场鉴定的；

（二）拒不参加劳动能力鉴定委员会安排的检查和诊断的。

第二十四条 医疗机构及其医务人员应当如实出具与劳动能力鉴定有关的各项诊断证明和病历材料。

第二十五条 劳动能力鉴定委员会组成人员、劳动能力鉴定工作人员以及参加鉴定的专家与当事人有利害关系的，应当回避。

第二十六条 任何组织或者个人有权对劳动能力鉴定中的违法行为进行举报、投诉。

第四章　法律责任

第二十七条　劳动能力鉴定委员会和承担劳动能力鉴定委员会日常工作的机构及其工作人员在从事或者组织劳动能力鉴定时，有下列行为之一的，由人力资源社会保障行政部门或者有关部门责令改正，对直接负责的主管人员和其他直接责任人员依法给予相应处分；构成犯罪的，依法追究刑事责任：

（一）未及时审核并书面告知申请人需要补正的全部材料的；

（二）未在规定期限内作出劳动能力鉴定结论的；

（三）未按照规定及时送达劳动能力鉴定结论的；

（四）未按照规定随机抽取相关科别专家进行鉴定的；

（五）擅自篡改劳动能力鉴定委员会作出的鉴定结论的；

（六）利用职务之便非法收受当事人财物的；

（七）有违反法律法规和本办法的其他行为的。

第二十八条　从事劳动能力鉴定的专家有下列行为之一的，劳动能力鉴定委员会应当予以解聘；情节严重的，由卫生计生行政部门依法处理：

（一）提供虚假鉴定意见的；

（二）利用职务之便非法收受当事人财物的；

（三）无正当理由不履行职责的；

（四）有违反法律法规和本办法的其他行为的。

第二十九条　参与工伤救治、检查、诊断等活动的医疗机构及其医务人员有下列情形之一的，由卫生计生行政部门依法处理：

（一）提供与病情不符的虚假诊断证明的；

（二）篡改、伪造、隐匿、销毁病历材料的；

（三）无正当理由不履行职责的。

第三十条　以欺诈、伪造证明材料或者其他手段骗取鉴定结论、领取工伤保险待遇的，按照《中华人民共和国社会保险法》第八十八条的规定，由人力资源社会保障行政部门责令退回骗取的社会保险金，处骗取金额 2 倍以上 5 倍以下的罚款。

第五章 附　则

第三十一条　未参加工伤保险的公务员和参照公务员法管理的事业单位、社会团体工作人员因工（公）致残的劳动能力鉴定，参照本办法执行。

第三十二条　本办法中的劳动能力鉴定申请表、初次（复查）鉴定结论书、再次鉴定结论书、劳动能力鉴定材料收讫补正告知书等文书基本样式由人力资源社会保障部制定。

第三十三条　本办法自 2014 年 4 月 1 日起施行。

最高人民法院关于审理工伤保险
行政案件若干问题的规定

中华人民共和国最高人民法院公告

法释〔2014〕9号

《最高人民法院关于审理工伤保险行政案件若干问题的规定》已于2014年4月21日由最高人民法院审判委员会第1613次会议通过，现予公布，自2014年9月1日起施行。

最高人民法院

2014年6月18日

为正确审理工伤保险行政案件，根据《中华人民共和国社会保险法》《中华人民共和国劳动法》《中华人民共和国行政诉讼法》《工伤保险条例》及其他有关法律、行政法规规定，结合行政审判实际，制定本规定。

第一条 人民法院审理工伤认定行政案件，在认定是否存在《工伤保险条例》第十四条第（六）项"本人主要责任"、第十六条第（二）项"醉酒或者吸毒"和第十六条第（三）项"自残或者自杀"等情形时，应当以有权机构出具的事故责任认定书、结论性意见和人民法院生效裁判等法律文书为依据，但有相反证据足以推翻事故责任认定书和结论性意见的除外。

前述法律文书不存在或者内容不明确，社会保险行政部门就前款事实作出认定的，人民法院应当结合其提供的相关证据依法进行审查。

《工伤保险条例》第十六条第（一）项"故意犯罪"的认定，应当以刑事侦查机关、检察机关和审判机关的生效法律文书或者结论性意见为依据。

第二条 人民法院受理工伤认定行政案件后，发现原告或者第三人在提起行政诉讼前已经就是否存在劳动关系申请劳动仲裁或者提起民事诉讼的，应当中止行政案件的审理。

第三条 社会保险行政部门认定下列单位为承担工伤保险责任单位的，人民法院应予支持：

（一）职工与两个或两个以上单位建立劳动关系，工伤事故发生时，职工为之工作的单位为承担工伤保险责任的单位；

（二）劳务派遣单位派遣的职工在用工单位工作期间因工伤亡的，派遣单位为承担工伤保险责任的单位；

（三）单位指派到其他单位工作的职工因工伤亡的，指派单位为承担工伤保险责任的单位；

（四）用工单位违反法律、法规规定将承包业务转包给不具备用工主体资格的组织或者自然人，该组织或者自然人聘用的职工从事承包业务时因工伤亡的，用工单位为承担工伤保险责任的单位；

（五）个人挂靠其他单位对外经营，其聘用的人员因工伤亡的，被挂靠单位为承担工伤保险责任的单位。

前款第（四）、（五）项明确的承担工伤保险责任的单位承担赔偿责任或者社会保险经办机构从工伤保险基金支付工伤保险待遇后，有权向相关组织、单位和个人追偿。

第四条 社会保险行政部门认定下列情形为工伤的，人民法院应予支持：

（一）职工在工作时间和工作场所内受到伤害，用人单位或者社会保险行政部门没有证据证明是非工作原因导致的；

（二）职工参加用人单位组织或者受用人单位指派参加其他单位组织的活动受到伤害的；

（三）在工作时间内，职工来往于多个与其工作职责相关的工作场所之间的合理区域因工受到伤害的；

（四）其他与履行工作职责相关，在工作时间及合理区域内受到伤害的。

第五条 社会保险行政部门认定下列情形为"因工外出期间"的，人民法院应予支持：

（一）职工受用人单位指派或者因工作需要在工作场所以外从事与工作职责有关的活动期间；

（二）职工受用人单位指派外出学习或者开会期间；

（三）职工因工作需要的其他外出活动期间。

职工因工外出期间从事与工作或者受用人单位指派外出学习、开会无关的个人活动受到伤害，社会保险行政部门不认定为工伤的，人民法院应予支持。

第六条 对社会保险行政部门认定下列情形为"上下班途中"的，人民法院应予支持：

（一）在合理时间内往返于工作地与住所地、经常居住地、单位宿舍的合理路线的上下班途中；

（二）在合理时间内往返于工作地与配偶、父母、子女居住地的合理路线的上下班途中；

（三）从事属于日常工作生活所需要的活动，且在合理时间和合理路线的上下班途中；

（四）在合理时间内其他合理路线的上下班途中。

第七条 由于不属于职工或者其近亲属自身原因超过工伤认定申请期限的，被耽误的时间不计算在工伤认定申请期限内。

有下列情形之一耽误申请时间的，应当认定为不属于职工或者其近亲属自身原因：

（一）不可抗力；

（二）人身自由受到限制；

（三）属于用人单位原因；

（四）社会保险行政部门登记制度不完善；

（五）当事人对是否存在劳动关系申请仲裁、提起民事诉讼。

第八条 职工因第三人的原因受到伤害，社会保险行政部门以职工或者其近亲属已经对第三人提起民事诉讼或者获得民事赔偿为由，作出不予受理工伤认定申请或者不予认定工伤决定的，人民法院不予支持。

职工因第三人的原因受到伤害，社会保险行政部门已经作出工伤认定，职工或者其近亲属未对第三人提起民事诉讼或者尚未获得民事赔偿，起诉要求社会保险经办机构支付工伤保险待遇的，人民法院应予支持。

职工因第三人的原因导致工伤，社会保险经办机构以职工或者其近亲属已经对第三人提起民事诉讼为由，拒绝支付工伤保险待遇的，人民法院不予支持，但第三人已经支付的医疗费用除外。

第九条 因工伤认定申请人或者用人单位隐瞒有关情况或者提供虚假材料，导致工伤认定错误的，社会保险行政部门可以在诉讼中依法予以更正。

工伤认定依法更正后，原告不申请撤诉，社会保险行政部门在作出原工伤认定时有过错的，人民法院应当判决确认违法；社会保险行政部门无过错的，人民法院可以驳回原告诉讼请求。

第十条 最高人民法院以前颁布的司法解释与本规定不一致的，以本规定为准。

人力资源社会保障部　财政部关于
调整工伤保险费率政策的通知

人社部发〔2015〕71号

各省、自治区、直辖市人力资源社会保障厅（局）、财政厅（局），
新疆生产建设兵团人力资源社会保障局、财务局：

按照党的十八届三中全会提出的"适时适当降低社会保险费率"的精神，为更好贯彻社会保险法、《工伤保险条例》，使工伤保险费率政策更加科学、合理，适应经济社会发展的需要，经国务院批准，自2015年10月1日起，调整现行工伤保险费率政策。现将有关事项通知如下：

一、关于行业工伤风险类别划分

按照《国民经济行业分类》（GB/T 4754—2011）对行业的划分，根据不同行业的工伤风险程度，由低到高，依次将行业工伤风险类别划分为一类至八类。

二、关于行业差别费率及其档次确定

不同工伤风险类别的行业执行不同的工伤保险行业基准费率。各行业工伤风险类别对应的全国工伤保险行业基准费率为，一类至八类分别控制在该行业用人单位职工工资总额的0.2%、0.4%、0.7%、0.9%、1.1%、1.3%、1.6%、1.9%左右。

通过费率浮动的办法确定每个行业内的费率档次。一类行业分为三个档次，即在基准费率的基础上，可向上浮动至120%、150%，二类至八类行业分为五个档次，即在基准费率的基础上，可分别向上浮动至120%、150%或向下浮动至80%、50%。

各统筹地区人力资源社会保障部门要会同财政部门，按照"以

支定收、收支平衡"的原则，合理确定本地区工伤保险行业基准费率具体标准，并征求工会组织、用人单位代表的意见，报统筹地区人民政府批准后实施。基准费率的具体标准可根据统筹地区经济产业结构变动、工伤保险费使用等情况适时调整。

三、关于单位费率的确定与浮动

统筹地区社会保险经办机构根据用人单位工伤保险费使用、工伤发生率、职业病危害程度等因素，确定其工伤保险费率，并可依据上述因素变化情况，每一至三年确定其在所属行业不同费率档次间是否浮动。对符合浮动条件的用人单位，每次可上下浮动一档或两档。统筹地区工伤保险最低费率不低于本地区一类风险行业基准费率。费率浮动的具体办法由统筹地区人力资源社会保障部门商财政部门制定，并征求工会组织、用人单位代表的意见。

四、关于费率报备制度

各统筹地区确定的工伤保险行业基准费率具体标准、费率浮动具体办法，应报省级人力资源社会保障部门和财政部门备案并接受指导。省级人力资源社会保障部门、财政部门应每年将各统筹地区工伤保险行业基准费率标准确定和变化以及浮动费率实施情况汇总报人力资源社会保障部、财政部。

人力资源社会保障部

中华人民共和国财政部

2015 年 7 月 22 日